91days diet note

CONTENTS

はじめに …… 003

マゴワヤサシイで簡単ダイエット …… 007

マゴワヤサシイ食材リスト …… 010

気をつけたい糖質の摂りすぎ …… 012

太らないお酒の選び方 …… 013

糖質リスト …… 014

良い油を摂ればどんどんやせる …… 016

ダイエットにおける運動は1割でOK …… 018

運動リスト …… 019

体脂肪量・除脂肪量・BMIの算出方法 …… 020

食材の量の目安を知りましょう …… 021

実践ノートの使い方(記入例) …… 022

ダイエットQ&A …… 028

今のあなた …… 032

マンスリーダイアリー …… 034

デイリーダイアリー …… 040

91日後のあなた …… 222

体重&体脂肪率推移グラフ …… 224

＊本ノートはビニールカバー内の帯をはずしてお使いください

はじめに

「ダイエットにおいて最も大事なのは食事を制限することではなく、食事を改善することです」と断言した拙著『ダイエットは運動１割、食事９割』（ディスカヴァー刊）は、おかげさまで12万部を突破するベストセラーとなりました。

つらい運動や厳しい食事制限は不要であり、おいしくて身体に良いものを摂取しようという私の考え方に賛同してくださったかたが予想以上に多いことは、嬉しい驚きでもありました。

ダイエット（Diet）の語源はギリシア語で「生活様式」「生き方」を意味するDiaitaという言葉とされています。**本来の意味としては「健康的な体型になるための食事療法または食事そのもの」を指す言葉なのです。**

しかし、現代では「ダイエット＝やせること」という認識が一般的で、そしてやせることこそが大きな目的となりつつあります。

しかもダイエットというと、厳しい食事制限＋つらい運動というイメージが強く、いったん決意したら突然今までとまったく違う食生活と激しい運動をスタートする人が多いのが現状です。

わずか２、３ヶ月で10kg以上も体重を減らしてしまう急激な減量は、理にかなった方法であればよいのですが、実際にはその人に無理や我慢を強いることが多いため、せっかく結果を出しても、ほとんどの場合その生活を維持することができません。

結局は、頭の中は以前の「太りやすい考え方」のままというわけです。したがって一時的に体型を変えることができても、その人の本質は改善できていないのですから、リバウンドする確率はとても高いといえます。実際、ダイエットするたびにリバウンドを繰り返してきたというかたがたが私のところによくいらっしゃいます。

ダイエットの真のゴールは、食に対してストレスがなくなる状況を作ることです。

厳しい食事制限などに耐えて一時的にやせることができても「これを食べたら太ってしまう……」「食べた分しっかり動かないと……」と恐怖におびえながら生きていくことはダイエットの成功とはいえません。

目指すのはあくまで、食への満足度を減らさず、太る食べものを徐々に欲しなくなっ

て結果的に食べる機会や量が減ることです。必然的に、体脂肪は減り、体重は落ちていきます。我慢していないのでリバウンドもしません。一生、その状態を維持できるのです。

　このようなことを言うと、「じゃあ、運動はまったくしなくていいんですか？」という質問を受けます。そうではありません。私が提唱している「運動1割、食事9割」というのは、ダイエットに対するスタンスです。

　運動による消費カロリーはたかが知れています。例えば、30分のランニングで消費できるカロリーは200kcal程度。ごはん1膳分で252kcalですから、ランニングの消費カロリー以上を摂取することがとても簡単なのはどなたでもわかることでしょう。
　普段運動をしていない人が1日30分のランニングに時間をさくのは大きな負担ですが、そのわりに得られるダイエット効果は微々たるものなのです。

　これが、食事改善をせずに運動だけで体脂肪を落としていこうとしたらどうなるでしょうか？
　体脂肪は1kgあたり7200kcalものカロリーを蓄えていますから、それを運動だけで消費するには途方もない時間を要します。また、筋力トレーニングで基礎代謝を上げる！という方法も、間違ってはいませんが、思った以上の効果は期待できません。筋肉を1kg増やしたとしても、1日の基礎代謝量は15〜45kcal程度しか上昇せず、おこなった努力以上の効果は得られないのです。

**　以上のことから、運動は筋力の維持やスタイルを向上させていく方法だと割り切って考え、体脂肪を落とし、体重を減らすために必要なのは、あくまで食事の改善であることを念頭におくべきなのです。**

　とはいえ、頭ではわかっていても毎日実践することはなかなか難しいものですね。そんなわけで、この「ダイエットは運動1割、食事9割　91日間 実践ノート」を作りました。このノートに毎日書き込むだけで「運動1割、食事9割」というダイエットのスタンスを無理なく実行できます。

後述しますが、毎日のマゴワヤサシイ食材や、摂取を控えたい食べ物などをカウントしていくだけで、自然と理想的な食生活を実践できるのです。

　なお、このノートを実践するにあたって、皆さんに特に気をつけていただきたいのは下記です。7ページ以降で、図や表を使って説明します。

- **ビタミン・ミネラル・タンパク質の摂り方（7～11ページ）**
- **糖質の摂り方（12～15ページ）**
- **運動の取り入れ方（18～19ページ）**

　最後に大切なことをお伝えしておきたいと思います。それは、**ダイエットにおいて大事なのは、完璧主義にならないということです。**
　私はダイエット指導をおこなっていますが、短期的にやせたいと思っているかたの多くは完璧主義で、0か100といった極端な考え方になりやすいのが特徴です。
「短期間でなければダイエットをがんばれないんです」という人は、そもそも自分でリバウンドを作りだしているようなもの。再び太るために短期間でやせると言っているようなものです。それは、なぜでしょうか？

　体重は短期間で2、3kg程度の増減をしますが、そのほとんどは実は水分で、体脂肪は数gでしか推移しません。
　前述のとおり体脂肪1kgあたり7200kcalです。短期間で一気にこれだけの量が蓄積されることはありません。食べすぎた次の日に体重が増えていても、それは体脂肪ではなく食べ物そのものが体内に残っているか、水分によって体重が増えているだけ。体脂肪として合成されてもほんの数gの話なのです。

　それでは、なぜ体重が増えてしまったのか。それは、短期間で元に戻せばいい、短期間で減らせばいいと思っている思考のせいです。つまり、「短期決戦思考」こそがジワジワと体脂肪を増やしてしまったということです。
　ですが、短期間で体脂肪を落とそうとしても、前述のとおり残念ながら体脂肪はジワ

ジワとしか落ちませんから、皆さんはまた体重にこだわりすぎることになります。
　過度の食事制限によって水分と筋肉を落とせば、体重はどんどん落ちていきますが、これは必要な栄養素が不足している可能性が高いのです。
　理想の体重になれても、実は筋肉も落としてしまった状態で元の食事に戻ればどうでしょうか。当然以前より代謝は落ちているので太りやすくやせづらい身体になっていきます。
　食事制限でやせられても、元の食事に戻せば元通りどころか前よりも脂肪がつきやすいリバウンドが待っているのです。

　このような無理なダイエットを繰り返すことで、体重は標準以下だけど筋肉量が少なく体脂肪率が高い隠れ肥満が増えています。食事を減らすだけのダイエットは無意味どころか危険がいっぱいなのはご理解いただけましたでしょうか？
　いつも増えては減ってを激しく繰り返していて、最近なんだか思ったように体重が落とせなくなった……という人は心当たりがあるはずです。

　この実践ノートを使ううえでとにかく大事なのは、次の２つ。
- **自分自身を客観的に見る視点**
- **完璧主義をやめること**

　体に良い食材・悪い食材の目安をわかっていただくために、あえて点数を出すようにしていますが、毎回100点満点をとる必要はありません。もちろん、がんばった日は100点でもよいのですが、気を抜いた日は50点以下でもかまいません。**あくまで毎日70点程度を平均的にとっていくことを目標にしましょう。**ストレスのないレベルで平均点を上げていくことで、太る癖を改善することが本来の目的です。毎日70点くらいをとれるようになると、自然と食習慣が変わり、理想の体型に近づき、健康を手に入れることができます。

　どうか体重を落とすことだけに躍起にならないでください。スタートした当初よりも甘いものを欲する機会が減った、揚げ物を食べる量が減ったなど、この実践ノートを使うことであなたの食への向き合い方が変化していくことが実感できれば幸いです。

マゴワヤサシイで簡単ダイエット

カロリーではなくN／Cレートで食べ物を選ぶ

　詳しくは拙著「ダイエットは運動1割、食事9割」をお読みいただきたいのですが、私はカロリーの高低で食べ物を選ぶのではなく、N／Cレートを基準として食べ物を選ぶ「N／Cレートダイエット」を提唱しています。

　N／Cレートとは、ある食べ物のカロリーに対して栄養価（ビタミン、ミネラルなど）が含まれる割合のことです。

　つまり、高N／Cレート食材は、ダイエットに最適な食べる価値の高い食べ物なのです。

　では高N／Cレートなのはいったいどんな食べ物かというと、のちほどご紹介する、日本古来の伝統的な食生活である「マゴワヤサシイ」食品です。それに対して、ジャンクフードは基本的に、低N／Cレート食品。栄養価を考えながら食品を選ぶ習慣をつけたいですね。

ビタミン・ミネラルが不足しがちな現代人

　なお、現代の食生活においてはどうしても不足しがちなのが、ビタミン・ミネラルです。

　これらは補酵素と呼ばれていて、私たちの代謝に関わる重要な栄養素。

　12ページでふれる「糖質」は必須栄養素ではありませんから、摂取しなくても他の栄養素が代替で作ってくれるのですが、ビタミン・ミネラル、そしてタンパク質は違います。「必須」なのです。

　必須栄養素であるこれらが不足すると、身体は新陳代謝ができなくなり、最悪の場合、死に至ります。飽食の時代である現代社会ではそのようなことは起こりませんが、ほんの100年くらい前までは普通にあったことなのです。

　ビタミン・ミネラルというと野菜や果物というイメージが強いかと思いますが、本書ではおなじみの「マゴワヤサシイ」にのっとって食材のルールを設けました。次のページのリストをご覧ください。

- マ（豆類）
- ゴ（ゴマやナッツなどの種子類）
- ワ（ワカメなどの海藻類）
- ヤ（緑黄色野菜）
- サ（魚介類）＊この実践ノートでは他に肉・卵などの動物性タンパク質を含みます
- シ（シイタケなどのキノコ類）
- イ（いも類）

　これらの高N／Cレート食品は、カロリーあたりのミネラル・ビタミンが豊富で、太りにくく、バランスよく食べることで身体に必要な栄養を満たしてくれます。このマゴワヤサシイに、肉や卵といった動物性タンパク質を加えることで、ほぼ必要な栄養を摂取することが可能なのです。

タンパク質が足りない人ほど太ります！

　タンパク質というと筋肉というイメージがあると思いますが、タンパク質は筋肉だけでなく私たちの身体の構成要素そのものです。
　皮膚、骨、内臓、血管、ホルモン、髪の毛、……それこそ、そのほとんどがタンパク質を原料としてできています。
　このタンパク質、実は普段から不足している人が多いのです。特に炭水化物（糖質）を多く摂取している人や、無理なダイエットを繰り返している人はタンパク質の摂取量が少ないのが特徴です。

　タンパク質は糖質の代わりのエネルギーにもなるので、食事（糖質）制限をしたうえで激しい運動をおこなうと、不足しやすくなってしまいます。
　とりわけ女性に多いのですが、肉類を食べると太るというイメージを持っているかたはタンパク質不足に陥りがちです。
　無理なダイエットを繰り返して肌がカサカサ、髪の毛もバサバサ、顔色も悪くて貧血気味、そして生理も止まってしまった……というようなかたは、このタンパク質が圧倒

的に不足していることが多いので注意しましょう。

　タンパク質を摂取すると、体脂肪分解のスイッチを入れるホルモン——グルカゴンの分泌を刺激しますから、タンパク質摂取によってより体脂肪の燃焼が促されます。

　ですから「糖質を適量、そしてタンパク質多めの摂取」が脂肪燃焼スイッチを止めないコツです。

　なお、人間が最も吸収しやすいバランスでタンパク質が含まれているのが、「肉と魚」です。 動物性のこれらは、タンパク質だけでなく、ミネラル・ビタミンも豊富に含まれているため、まずこれらを必要量摂取することが重要です。

　必要量はだいたい体重１㎏あたり１gのタンパク質。つまり体重50㎏の人は50gのタンパク質が必要というわけです。

　ただ、食べるたびに毎回タンパク質の量を測るわけにはいかないでしょうから、私は手のひらを使って計る「手ばかり」を推奨しています。

　目安としては、１食あたり、その人の手のひら１枚分くらいのタンパク質の摂取量です。１日あたりのおすすめ摂取量としては、手のひら３枚分くらい、つまり毎食１枚くらいですね。

　肉ならステーキのような状態、魚なら１匹というイメージを持ってもらうとわかりやすいでしょうか。これも、毎回ステーキや魚を食べるわけではなく、あくまでそれくらいというイメージを持つとよいでしょう。

　また近年注目を集めている卵は、良質なタンパク源でありながら、ほぼ理想的な形でビタミン・ミネラルも摂取できるスーパーフードです。 コレステロールが高く、昔は１日１つまでといわれた時期がありましたが、コレステロール摂取と血中コレステロール値には関連がないことがわかっており、１日３つ食べるなどしても何も問題はありません。

　もちろん、植物性タンパク質である豆類、豆腐などもおすすめです。

　肉や魚だけでなく、卵や豆といった食材は、安価に手に入りやすいので、これらを合わせることによって、積極的にタンパク質を摂取することが必要です。

マゴワヤサシイ食材リスト

マ=豆類

植物性タンパク質が豊富。マグネシウムやビタミンB群も摂れる。発酵食品である豆腐や味噌も積極的に摂りたい食材。

例 大豆、小豆、インゲン、エンドウ、黒豆、そら豆、グリーンピース、味噌、豆腐、納豆、テンペなど

ゴ=ゴマなどの種子類

亜鉛・マグネシウムなどのミネラルが豊富。オメガ3などの良質な脂質にもすぐれている。おやつに最適。

例 ゴマ、アーモンド、くるみ、マカダミアナッツ、ピスタチオ

ワ=ワカメなどの海藻類

水溶性食物繊維が豊富で便秘にも効果的。マグネシウムやカルシウムなどのミネラルやビタミンも豊富。

例 ワカメ、海苔、昆布、もずく、寒天、ひじき、ところてん、茎ワカメなど

ヤ=野菜類

野菜なら何でもよいというわけではなく、栄養素を豊富に含む色の濃い野菜(緑黄色野菜)がおすすめ。旬に合わせてさまざまな種類を摂ること。

例 緑黄色野菜(にんじん、トマト、ブロッコリー、ほうれん草、カボチャ、小松菜、芽キャベツ、サラダ菜)、根菜類(ゴボウ、れんこん、らっきょう、ビーツ、うど、ふきなど)

サ ＝魚介類(本書では動物性タンパク質である肉・卵を含む)

高タンパクでオメガ３含有率の高い青魚がおすすめ。亜鉛が豊富なカキ、タウリンが豊富なイカもおすすめ。サバ缶、ホタテ缶なども活用できる。

例 青魚（サバ、サンマ、イワシ、ブリ、ニシンなど）、タコ、イカ、カキ、白身（タイ、ホッケ、ヒラメ、タラなど）、赤身（マグロ、カツオ、ハマチ）

肉 脂身の少ない肉（豚肉、鶏ささみ、鶏胸肉、牛肉の赤身、レバーなど）もおすすめ。

卵 卵は良質なタンパク源。１日２個以上食べてもOK。

シ ＝シイタケなどのきのこ類

低カロリーでありながら、ビタミンB群、ビタミンCが豊富。水溶性食物繊維が豊富でダイエットの強い味方。

例 シイタケ、シメジ、えのきだけ、まいたけ、マッシュルーム、えりんぎ、きくらげなど

イ ＝いも類

炭水化物なのでダイエットで敬遠されがちだが、カリウムやビタミンC、食物繊維が豊富。

例 さつまいも、じゃがいも、長いも、やまといも、里いも、丸いも、こんにゃく

マゴワヤサシイ食材に玄米ごはんと味噌汁を加えれば理想的な組み合わせです。

玄米
ミネラル・ビタミン・食物繊維が豊富な高N／Cレート食品。精製され栄養価の低い白米よりも玄米がおすすめ。ただし、無農薬・減農薬のものを選ぶこと。

味噌汁
マ（味噌・豆腐）・ワ（海藻類）・ヤ（野菜）・サ（魚介類：煮干しだし）・シ（きのこ類）を含めることができる理想的な１品。

気をつけたい糖質の摂りすぎ

炭水化物=糖質+食物繊維ですから、糖質とは炭水化物のことだと思ってもらってよいのですが、**この糖質の摂り方こそが、ダイエットの鍵です。**

糖質は吸収されるとすぐに血糖として血液中に放出されます。これは私たちの細胞のエネルギーとして使われるからですが、このエネルギーが余ると体脂肪として蓄えられることになります。

食事の際に必要以上に糖質を摂取してしまうと、たくさんの血糖が放出されますから、血糖値が上昇します。すると、この血糖を正常値まで下げるために働くのがインスリンというホルモン。インスリンが働くと、血糖値を下げてくれるのはいいのですが、やはり余った分を体脂肪として蓄えてしまいます。

インスリンは、血糖値上昇の速さによって出る量が違い、吸収の速い糖質を摂ると、それだけたくさん分泌されます。

同じ糖質を含む食べ物でも、玄米やいも類などのでんぷんよりも、砂糖や果糖などをふんだんに使った菓子などから糖質を摂取するほうが吸収が速く、それだけ体脂肪になりやすくなってしまいます。

かといって、吸収の遅い食べ物を摂っていても、その量が必要以上であれば当然それだけ血糖値は上昇しますし、体脂肪として蓄えられるので注意が必要です。いずれにしても、**インスリンが出ている最中は、体脂肪が分解されるスイッチがオフになり、逆に体脂肪を蓄えるモードになってしまうのです。**

ですから、「糖質の摂取は、まずその質と量に気をつける」──これが鉄則です。

とりわけ摂取過多につながりやすいのが、主食(白米・パスタ・うどんなど)を中心とした炭水化物と甘い菓子、スナック、清涼飲料水など、そしてアルコール類です。とはいえ、いっさい摂らないというような極端な糖質制限を安易におこなうと、ストレスがたまってドカ食いなどしてしまい、結局はリバウンドの元となります。

そのため、この実践ノートでは、必要量(1日あたり玄米ごはん2膳)は摂取していただきます。ただ、それを超える(1日あたり玄米ごはん3膳以上)となると、減点(マイナス10ポイント)です。

糖質はすべてカットするのではなく、摂りすぎないことが大切なのです。

14〜15ページの糖質のリストは、自分が普段摂っている糖質はどの程度なのか、見直したり、摂る前にチェックしたりするのに活用してください。

糖質は、調味料や野菜などにも含まれていますが、これらの場合、味つけや栄養素の摂取のほうが重要ですから、多少の量であれば、気にすることはありません。

太らないお酒の選び方

糖質を含むアルコールについても、ここでふれておきましょう。「ダイエットしたいならお酒をやめなさい」とまではいいませんが、アルコールは種類によってはダイエットに立ちはだかる大きな壁となります。

というのも、お酒は大きく2種類に分かれます。すなわち、糖質を含む醸造酒と糖質を含まない蒸留酒です。**やはり蒸留酒のほうがおすすめです。**ただし、糖質を避けるために、添加物の多い糖質カットの発泡酒などに手を出さないようにしましょう。

醸造酒
穀物や果汁を発酵させたもの。糖質を多く含む。

例:ビール、ワイン、日本酒など

蒸留酒
醸造酒を蒸留してアルコールなどの揮発性分を濃縮したもので、「蒸留」によって糖質がカットされている。

例:焼酎、ウイスキー、ブランデー

もう1つ、気をつけたいのがおつまみです。アルコールを飲むと脂質の吸収が高まりますので、揚げ物などの摂取はできるだけ避けましょう。また、アルコールを肝臓で解毒する際に、多くのビタミン・ミネラルを消費します。ここで体脂肪を落とすために必要な栄養素を消費してしまうことになるので、それを補うためにおつまみも「マゴワヤサシイ」を選びましょう。

魚の刺身やカルパッチョ、ミックスナッツ、枝豆、海藻サラダなどがおすすめです。ちなみに糖質過多の観点から、〆のラーメンは最も避けるべきです。習慣化しているかたは要注意ですね。

糖質リスト

	食べ物の種類	分量(目安)	重量(g)	糖質(g)
主食類	食パン・市販品	1枚	60	26.6
	フランスパン	2切	60	32.9
	ライ麦パン	1枚	60	28.2
	ロールパン	1つ	30	14
	クロワッサン(脂質が多い)	1つ	40	16.9
	うどん-ゆで	1人前	250	52
	そば-ゆで	1人前	250	60
	中華めん-ゆで	1人前	170	47.4
	こめ・玄米(水稲)	1膳(軽く)	160	113.3
	こめ・精白米(水稲)	1膳(軽く)	160	122.6
	おにぎり(うるち米製品)	1つ	120	46.8
	もち(もち米製品)	1切	50	24.8
菓子類	カステラ	1切	50	31.3
	タルト	1切	120	71.3
	まんじゅう・蒸しまんじゅう	1つ	50	28.1
	あめ	1つ	3	2.9
	小麦粉せんべい・巻き	1枚	10	8.9
	米菓・揚げせんべい	1枚	10	7
	あんパン	1つ	100	47.5
	シュークリーム	1つ	60	13.3
	ショートケーキ	1切	100	46.5
	ドーナッツ	1つ	50	21.2
	パイ・アップルパイ	1切	100	31.4

	食べ物の種類	分量（目安）	重量（g）	糖質（g）
	ホットケーキ	1枚	50	22.1
	クラッカー	1枚	3	1.8
	ビスケット・ハードビスケット	1枚	10	7.6
	ポテトチップス	1袋	60	30.3
	米菓・塩せんべい	1枚	10	8.2
	フライドポテト	Sサイズ	70	20.5
酒類	清酒・本醸造酒	1合	180	8.1
	ビール・淡色	1本(350缶)	353	10.9
	発泡酒	1本(350缶)	353	12.7
	ワイン・白	グラス1杯	80	1.6
	ワイン・赤	グラス1杯	80	1.2
	焼酎・甲類	100ml	95.8	0
	ウイスキー	20ml（シングル）	20	0
	梅酒	100ml	103	21.3
いも類	さといも(生)	1つ	50	5.4
	じゃがいも(生)	1つ(中)	130	21.2
	さつまいも(生)	1本(中半分)	100	29.2
	はるさめ(乾)	1束(1食)	30	25
野菜	かぼちゃ	1片(大)	50	8.6
	とうもろこし	1本	150	23.2
フルーツ	バナナ	1本	90	19.3
	プルーン(乾)	5粒	50	31.1
	レーズン(乾)	ひとつまみ	10	31.1

グリコ　http://www.glico.co.jp/navi/index.htmを元に著者作成

良い油を摂ればどんどんやせる

　脂質の摂取も、非常に大切なポイントです。「脂質＝油＝体脂肪＝太る」というイメージを持つかたが多いですが、実際にはカットすべき脂質と摂取すべき脂質に分かれます。

　脂質をカットしすぎると美容面では乾燥肌や髪の毛が痛みやすくなるなどの影響が出る可能性があります。そもそも、私たちの体は細胞が集まってできているのですが、その細胞を取り巻く細胞膜という膜を作っているのが脂質なのです。また、体にとって重要な要素であるホルモンの材料にもなりますので、筋肉を作ったり、体脂肪を燃やしたりなどをしてくれるホルモンが上手く働いてくれなくなりますから、結果的には体調不良となったり、月経不順などが起こったりすることもあります。

　まず脂質の大部分を占める脂肪酸のお話をしましょう。

　脂肪酸は、右のページのように**飽和脂肪酸と不飽和脂肪酸に分かれます**。飽和脂肪酸はざっくり言うと「脂」です。そして不飽和脂肪酸は「油」。

　脂とは、常温で塊になっているような肉の脂などです。これらは、熱を加えても形がある程度残っている脂。当然、これを食べて体内に入れれば、それだけたくさん消化に熱を要し、消化には負担がかかりますから、摂りすぎに注意が必要です。

　そして、残りの不飽和脂肪酸は、オメガ9、オメガ6、オメガ3といった種類に分かれます。 オメガ3とオメガ6は必須脂肪酸と呼ばれていて、体内では合成できず、食事などで外からしか摂取できない脂肪酸なのです。

　この2つの脂肪酸は、実は正反対の性質があり、**日本人のほとんどはオメガ6を摂りすぎで、オメガ3をまったく摂れていません。**

　オメガ6というと、普段皆さんが口にしている食事の油のほとんどで、揚げ物や焼き物で使用する油だというとわかりやすいかもしれません。唐揚げなどの揚げ物を食べると、1日の必要量をオーバーしてしまいます。また高熱で調理するため油が酸化しており、それが体内の炎症を強めてしまうのでなるべく避けてほしいのです。そんなわけで、この実践ノートでは1回食べるとマイナス30ポイントと減点しています。

　オメガ3はサバやイワシなどの背の青い魚に多く含まれている脂肪酸で、その他はくるみやアーモンドなどのナッツ類、亜麻仁油（フラックスシードオイル）やエゴマ油等にも多く含まれています。 このオメガ3は、血液をサラサラにして、細胞膜を柔らかくし、炎症を抑える作用があります。マゴワヤサシイを積極的に食べることで、オメガ3を摂取していきましょう。

```
                    脂肪酸
                   /     \
            飽和脂肪酸    不飽和脂肪酸
                        /         \
                一価不飽和        多価不飽和
                 脂肪酸            脂肪酸
```

飽和脂肪酸

例：バター、牛脂、乳製品、卵黄

＊摂りすぎている油。特に牛肉は脂質が多く、牛ロースは豚ヒレの3倍の脂肪を含む。炒め物や揚げ物では多く含まれるだけでなくケーキ、クリーム、パン、菓子料理などの形で多く摂取しがち。

トランス脂肪酸

例：マーガリン、ショートニング、ファットスプレッド

＊植物性油に水素添加をすることにより、飽和脂肪酸に近い形にした、自然界に存在しない化学的な油。体内消化が困難で、発がん性も危ぶまれる。摂取はできるだけゼロにしたい。

オメガ9（オレイン酸）

例：オリーブ油、キャノーラ油、ごま油、米油

＊糖やたんぱく質で体内合成できるため、積極的に摂取する必要はないが、オメガ6を減らす代わりに調理などで使用したい。

オメガ6（リノール酸）

例：大豆油、なたね油、ひまわり油、グレープシード油、紅花油、コーン油

＊摂りすぎている油。リノール酸は植物性油で体に良いという間違った広告の影響もある。無意識でも摂りすぎてしまうので、積極的に減らすようにする。揚げ物などで使うと、1食で1日の必要量をオーバーする。

オメガ3（α-リノレン酸）

例：亜麻仁油、エゴマ油、グリーンナッツ油、青魚、くるみ

＊積極的に摂るべき油。抗炎症作用や、血液をサラサラにする作用がある。植物性の食品に少量含まれるが、意識的に摂取しないと不足してしまう。

ダイエットにおける運動は1割でOK

　ダイエット中に激しい運動をおこなうことでやせられる！と信じているかたは非常に多いですよね。運動でエネルギーを消費するのはいいことですが、多くの場合、ダイエットにおける運動の効果を過大評価しているのではないでしょうか。

　実際には運動をすることによってかえって食欲が増してしまったり、運動したから少しぐらい食べて（飲んで）いいや……と自分に甘くなってしまったりというケースも多数見受けられます。食べた分以上にエネルギーを摂取していては、元も子もないばかりか逆効果です。

　ですから、この実践ノートでは運動をたくさんおこなっても、どんどん加点される方式ではありません。要するに、激しい運動をおこなう必要はないということです。

　とはいえ、私自身は運動指導者ですし、書名を「ダイエットは運動1割、食事9割」としているとおり、運動を全否定しているわけではありません。デスクワークなどで普段からまったく体を動かさないという状況だと、活動量と食事量のバランスが取りづらくなってしまいます。また、筋力が衰えて退化していくという弊害もありますので、「1割の運動」は実践してください。

　具体的には右のページの表のような運動です。

　理想は1日10ポイント分。 ランニングなら12分くらいです。外回りの仕事をしているかたなら、「仕事中の歩行30分」は1日トータルで見れば余裕でクリアしているかもしれませんね。**毎日10ポイント分は難しいようなら、1日5ポイントの運動でもOK。** たとえば、歩行15分や家事22分などです。

　いかがでしょう？　これくらいなら、毎日の生活のなかで無理なくおこなえる内容なのではないでしょうか？　普段の生活に「プラス」して軽い運動や身体を積極的に動かす習慣をつけてください。

　この「1割の運動」は、あくまで最低限おこなってほしい運動量ではありますが、気負いすぎない程度にしましょう。できない日があっても次の日にこなせばいい、というような心構えが続けるコツです。

運動リスト

運動の例	5pt (時間)	10pt (時間)
ランニング(10.8km/時、180m/分)	6分	12分
階段を昇る(速い)	10分	20分
フィットネスクラブのレッスンに参加	10分	20分
球技などのスポーツの練習、試合	10分	20分
ダンス、バレエ	12分	25分
ゴルフ(休んでいる時間は含まない)	12分	25分
荷物(10kg未満)を持って速めに歩行する(4.8km/時)	12分	25分
散歩、ほどほどの速さで歩行(4.8km/時)	15分	30分
階段を降りる	15分	30分
仕事中の歩行:荷物(10kg未満)を持って移動	15分	30分
庭仕事をする	15分	30分
自転車をこぐ(ゆっくり〜速め)	15分	30分
掃除機がけ、フロア拭きなど	15分	30分
犬の散歩	20分	40分
乳幼児を抱えて移動	20分	40分
ピラティス	20分	40分
家事(食器洗い、片付けなど)	22分	45分
ヨガ	22分	45分
立位での接客やプレゼン、会議、作業	35分	70分

※著者がMETs(メッツ)表をもとに独自に作成

体脂肪量・除脂肪量・BMIの算出方法

体脂肪量と除脂肪量をはかると、実際にどれくらい体脂肪が落ちているか、筋肉を落とさずにキープできているかが客観的にわかるため、体重の増減だけで一喜一憂しなくなります。最低でも週に1回は計りましょう。

体脂肪量(kg)＝体重(kg)×体脂肪率×0.9
除脂肪量(kg)＝体重(kg)－体脂肪量(kg)
BMI＝体重(kg)÷(身長(m)×身長(m))

たとえば、身長158cm、体重54kgのA子さんの場合は下記のようになります。
体重54kg×体脂肪率29%×0.9＝体脂肪量14.1kg
体重54kg－体脂肪量14.35kg＝除脂肪量39.9kg
体重54kg÷(1.58m×1.58m)＝BMI 21.6

体脂肪率

男性	女性		タイプ			
25％以上	35％以上	高い	隠れ肥満		肥満	
25％未満 20％以上	35％未満 30％以上	やや高い				
20％未満 10％以上	30％未満 20％以上	標準	やせ	標準	かた太り	
10％未満	20％未満	低い				
BMI値			やせ 18.5未満	普通 18.5以上 25未満	肥満1度 25以上 30未満	肥満2度 30以上

やせ型、隠れ肥満タイプはタンパク質の摂取が足りない傾向があります。体重よりもタンパク質摂取を増やすようにしましょう。

肥満・かた太りタイプは食べる量に問題があります。糖質の摂取量を抑え、マゴワヤサシイを積極的に摂取しましょう。

食材の量の目安を知りましょう

　マゴワヤサシイ食材を摂取するにあたり、食材の量が重要です。だいたいの目安を知っておきましょう。量を把握するのに便利なのが「手ばかり」です。

片手のひら分

ヤ（野菜）：1日あたり片手のひら×3の摂取量が理想的

サ（魚・肉）：1日あたり片手のひら×2の摂取量が理想的

片手のひら分1／2分

マ（豆類）：1日あたり片手のひら1／2分×3の摂取量が理想的

ワ（海藻類）：1日あたり片手のひら1／2分×2の摂取量が理想的

シ（きのこ類）：1日あたり片手のひら1／2分×2の摂取量が理想的

イ（いも類）：1日あたり片手のひら1／2分の摂取量が理想的

ペットボトルのふた（約5g）

ゴ（ゴマ・ナッツ類）：1日あたりペットボトルのふた＝小さじ1（約5g）の摂取量が理想的

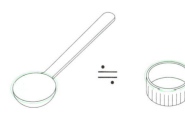

記入例：「今のあなた」&「91日後のあなた」

「今のあなた」(32ページ)

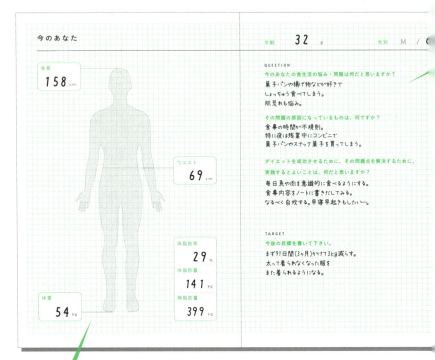

ウエスト以外にも太もも、
二の腕など気になる箇所の
サイズを記録してもOK

91日間で数字に
劇的な変化が現れていなくても
あせる必要はありません。
この食生活を続けることが大事です

悩みや
気になることを
書きとめて
おきましょう

書きだすことで
数字以外の変化が
起きていることを
実感してください

「91日後のあなた」(222ページ)

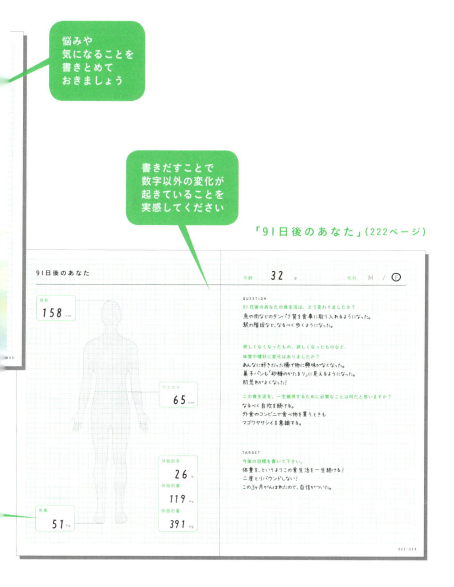

記入例：マンスリー編

月と日付を書き込みましょう

1st month

	MON	TUE	WED	THU
5	Pt	Pt	Pt	Pt
	4 60 Pt	5 70 Pt	6 80 Pt ジムでトレッドミル	7 75 Pt
	11 Pt 取引先と会食	12 Pt	13 Pt ピラティス	14 Pt
	18 Pt	19 Pt	20 Pt ジムでトレッドミル	21 Pt
	25 Pt	26 Pt 部署の飲み会	27 Pt ピラティス	28 Pt

先々の予定を書き込んでもOK

> その日のポイントを記録しましょう

計算方法
体脂肪量(kg)＝体重(kg)×体脂肪率×0.9
除脂肪量(kg)＝体重(kg)−体脂肪量(kg)
BMI＝体重(kg)÷(身長(m)×身長(m))

FRI	SAT	SUN	AVERAGE
1 65pt	2 70pt	3 80pt	体脂肪量： 14.1 kg 除脂肪量： 39.9 kg B M I： 21.6
8 60pt	9 80pt ウォーキング 5km	10 70pt	体脂肪量： 14.2 kg 除脂肪量： 39.3 kg B M I： 21.48
15 pt	16 pt パーティ	17 pt	体脂肪量： . kg 除脂肪量： . kg B M I：
22	23	24	体脂肪量： . kg 除脂肪量： . kg B M I：
←――――京都へ旅行――――→			
29 pt	30 pt 料理教室	31 pt	体脂肪量： . kg 除脂肪量： . kg B M I：

> 週に1回、上記の計算方法で記録しておくと数字の変化が目に見えてわかりやすいです

> 体重の増減だけに惑わされないために体脂肪量と除脂肪量を計算する習慣をつけましょう

記入例：デイリー編

内臓脂肪が計れる体重計がなければ、記入しなくてOK

DAY 01	DATA
4 / 13 [月]	体　重：54.0 kg　　7:00起床 体脂肪率：29.0 %　　23:45就寝 内臓脂肪：　　　　　　体温35.8℃

BREAKFAST

7:30

- ほうじ茶
- わかめと豆腐の味噌汁
- 玄米ごはん(半膳)
- 目玉焼き
- バナナ半分

LUNCH

12:00

- パン(フランスパン)
- 春野菜と海藻のサラダ
  (海藻、菜の花、
  　ブロッコリー、アスパラガス)
- 牛肉のソテー
- オニオンスープ
- 紅茶

SNACK & ALCOHOL

アーモンドひとつまみ

SPORT & ACTIVITY

ランチのあと、
次のミーティング先まで
徒歩で移動(15分・約2km)

おやつは手軽に栄養が摂れるナッツ類がおすすめ

その日した「運動」を書きましょう

> 起床・就寝時間や体温などを書いておくのもいいですね

1st WEEK

MEMO

今日は取引先との会食だったけど、
デザートがつかないランチで一安心。
パンを食べるとマイナス10ポイントなので気をつけよう

DINNER

20:00

- さばのお刺身
- わかめと豆腐の味噌汁
- にんじんと
　　きのこの炒めもの
- ふきとたけのこの煮物
- 豚もも肉のしゃぶしゃぶ
- ゴマをふりかけた
　　玄米ごはん（1膳）

今日、努力したこと

ランチのとき、
つけあわせのフライドポテトを
がまんして残した！

SCORE

	量	1マスあたりのポイント	今日のポイント
マ (豆類)	✓✓☐ 1マスあたり:片手のひら1/2	+5Pt	10
ゴ (ゴマ・ナッツ類)	✓ 1マスあたり:小さじ1(ペットボトルのふた)	+5Pt	5
ワ (海藻類)	✓✓ 1マスあたり:片手のひら1/2	+5Pt	10
ヤ (野菜)	✓✓✓ 1マスあたり:片手のひら分	+5Pt	15
サ (魚・肉・卵)	✓✓ 1マスあたり:片手のひら分	+15Pt	30
シ (きのこ類)	✓☐ 1マスあたり:片手のひら1/2	+5Pt	5
イ (いも類)	☐ 1マスあたり:片手のひら1/2	+5Pt	
ごはん	✓✓☐ 2膳以下なら±0Pt、3膳以上は-10Pt	-10Pt	
糖類	✓ パン、パスタ、菓子、ジュース等 食べたら-10Pt	-10Pt	-10
揚げ物	☐ 唐揚げやフライなど 食べたら-30Pt	-30Pt	
運動	✓ 19ページの表を参照	+5Pt	5

TOTAL

70 / 100

> 食べたものの量をざっくり点数化しましょう。マスの数×1マスあたりのポイント数で計算してください

> 揚げ物はなるべく避けましょう。1回食べたらマイナス30ポイントです

> 毎日70ポイントを目指しましょう

040-041

ダイエットQ＆A

Q1　運動は週に何回くらいすればよいですか？

　この実践ノートでは、毎日運動を記録する欄はあるものの、毎日しなければならない、というわけではありません。運動をした、という満足感から食べ物やお酒に手を出してしまうのであれば、運動はムリにしなくてもよいのです。目安としては、ウォーキングを1週間に3回までで十分です。したがって、たくさん運動を行っても11点以上の加点はされない仕組みになっています。

Q2　朝食は健康のため、フルーツグラノーラがおすすめですか？

　はっきり言っておすすめできません。ヘルシーなイメージがあるグラノーラは、油やハチミツなどを混ぜてオーブンで焼くため、過酸化脂質やAGEsが多く、加齢を進める食物を好んで摂っているのと同じです。もちろん糖分も高く、太りやすい食べ物なのです。朝に菓子パンを食べる人がいますが、これもNG。菓子パンはパンではなくお菓子と心得ましょう。栄養素が少なく糖質ばかりが過剰になってしまい健康的な食事とは言えません。朝ごはんは、「玄米ごはん・野菜たっぷりの味噌汁・卵・納豆」という組み合わせが最強ですね！

Q3　焼酎やウイスキーならば、本当に太らないのですか？

　ビールやカクテルにはたくさんの糖質が含まれますが、蒸留酒は糖分が含まれません。ですから、蒸留酒をおすすめします。ただし、お酒を飲んで一切おつまみを口にしない人はめずらしいでしょう。アルコールやおつまみのせいで身体はむくみやすくなりますし、内臓に負担がかかりますから代謝機能に影響が出ることもあります。休肝日をもうけ、適量を守りましょう。

Q4　ごはんは玄米でなければダメですか？

　この実践ノートの元となっている書籍「ダイエットは運動1割、食事9割」では、白米よりも栄養価が高く、繊維質が多い玄米食を推奨しています。玄米は、炊き方を間違えると消化に負担がかかり、お腹の調子が悪くなったりするかたもいますので、正しい炊き方を確認してください（書籍「ダイエットは運動1割、食事9割」225ページ参照）。圧力鍋を使うのもおすすめです。玄米が苦手であれば、白米や雑穀米でも問題はありません。重要なのは、糖質を豊富に含むため、穀物は食べすぎない習慣をつけることです。

Q5　コンビニでランチを買うときはどんなものを選べばいいでしょう？

　添加物などを気にしすぎると、コンビニで何も食べるものがなくなってしまいますから、その場合は割り切って必要な栄養素と避けたい栄養素で食材を選ぶようにします。できあいのお弁当ではなく、タンパク質の摂取を優先して、ゆで卵や納豆、だし巻き卵、サラダチキン、サバの水煮、無調整豆乳などを選んだり、マゴワヤサシイの素材が入ったお惣菜などを選択するとよいでしょう。

Q6　「植物油脂」ならば摂っても大丈夫ですか？

　結論からいえば、「植物油脂」は摂ってほしくない油です。植物油脂は、クラッカー、ビスケットなどのお菓子によく記載されている原材料です。ショートニングやマーガリンはトランス脂肪酸が含まれているので身体に悪いとわかっている人でも、「植物油脂」なら大丈夫と誤解されているかもしれませんね。お菓子に含まれている植物油脂という表記には何の油かの表示義務がなく、大豆油やキャノーラ油やパーム油などの場合が多いようですのでなるべく避けましょう。

Q7　お菓子がやめられません。どうすればいいでしょう？

　一気にやめる必要はありません。つらくて続けられないダイエットではなく、一生続けられる食生活改善を目指しましょう。お菓子がどうしても食べたくて、毎日３つ食べていたのなら、今日は1つか2つに減らしてみてください。もし、いままでろくに食事をとらずにお菓子ばかり食べていたなら、まずはきちんと栄養のある食事をして、それでもお菓子を食べたくなるか試してみましょう。自分が本当に欲しているのかどうか、確かめてみるチャンスです。また、小腹がすいたときは、ナッツがおすすめです。食塩や植物油でコーティングされたものなどより、素焼きナッツを選んでください。

Q8　ビタミン・ミネラル、プロテインなどのサプリメントは摂ったほうがいいですか？

　サプリメントを摂ること自体は賛成です。特にいつも完璧な食事をするのは難しいことですから、補助的に摂ることはいいことだと思います。ただ、サプリを食事に置き換えたり、サプリを摂っているから大丈夫と食事量を減らすことはいけません。あくまで食事に足りない分を補うつもりで摂取するようにしましょう。

Q9　便秘には、ヨーグルトがおすすめですか？

　ヨーグルトや乳酸菌は腸内環境によいとよく言われていますが、必ず便秘に効くともいえないようです。便秘の改善はダイエットには必須ですが、毎日の食事で、水溶性食物繊維と不溶性食物繊維の両方を合わせて、女性なら18g、男性ならば20g以上を摂ることが重要です。豆類、野菜、きのこ類などに多く含まれます。ちなみに、不足することが多い水溶性食物繊維は、海藻、ところてんなどに多く含まれているので、マゴワヤサシイを積極的に食べることが、便秘改善につながります。また、脂質の不足で便秘になることもありますから、糖質を減らした上で脂質が豊富な動物性食品やオリーブ油、亜麻仁油、エゴマ油、ナッツ類の摂取もよいでしょう。

Q10　どうしてもおなかが減ってしまいます

　充実した食事を摂るようになれば、間食をやめても自然とおなかが減らなくなります。とはいえ忙しい現代、昼食を12時に急いで食べ、そのまま夜の９時10時まで働き通しという場合も少なくありませんね。自宅での夕食までにおなかが減ってしまうという場合、スナックや菓子パン、カップラーメンは避けてナッツをひとつまみ食べることをおすすめします。また、コンビニで買えるゆで卵、バナナなどもよいですね。どうせ食べるのなら「マゴワヤサシイ」で加点できるものから選んでみましょう。

MEMO

91days diet Program

今のあなた

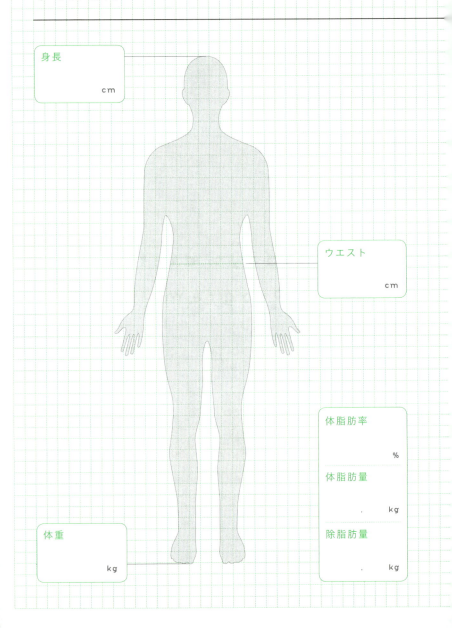

身長
cm

ウエスト
cm

体脂肪率
%

体脂肪量
. kg

除脂肪量
. kg

体重
kg

年齢　　　　　　　才　　　　　　性別　M　/　F

QUESTION

今のあなたの食生活の悩み・問題は何だと思いますか？

その問題の原因になっているものは、何ですか？

ダイエットを成功させるために、その問題点を解決するために、実践するとよいことは、何だと思いますか？

TARGET

今後の目標を書いてください。

1st month

MON	TUE	WED	THU
Pt	Pt	Pt	Pt
Pt	Pt	Pt	Pt
Pt	Pt	Pt	Pt
Pt	Pt	Pt	Pt
Pt	Pt	Pt	Pt

| 計算方法 | 体脂肪量(kg)＝体重(kg)×体脂肪率×0.9
除脂肪量(kg)＝体重(kg)－体脂肪量(kg)
BMI＝体重(kg)÷(身長(m)×身長(m)) |

FRI	SAT	SUN	AVERAGE
Pt	Pt	Pt	体脂肪量： ． kg 除脂肪量： ． kg BMI： ．
Pt	Pt	Pt	体脂肪量： ． kg 除脂肪量： ． kg BMI： ．
Pt	Pt	Pt	体脂肪量： ． kg 除脂肪量： ． kg BMI： ．
Pt	Pt	Pt	体脂肪量： ． kg 除脂肪量： ． kg BMI： ．
μt	μt	μt	体脂肪量： ． kg 除脂肪量： ． kg BMI： ．

2nd month

MON	TUE	WED	THU
Pt	Pt	Pt	Pt
Pt	Pt	Pt	Pt
Pt	Pt	Pt	Pt
Pt	Pt	Pt	Pt
Pt	Pt	Pt	Pt

| 計算方法 | 体脂肪量(kg)＝体重(kg)×体脂肪率×0.9
除脂肪量(kg)＝体重(kg)－体脂肪量(kg)
BMI＝体重(kg)÷(身長(m)×身長(m)) |

FRI	SAT	SUN	AVERAGE
Pt	Pt	Pt	体脂肪量： . kg 除脂肪量： . kg B M I： .
Pt	Pt	Pt	体脂肪量： . kg 除脂肪量： . kg B M I： .
Pt	Pt	Pt	体脂肪量： . kg 除脂肪量： . kg B M I： .
Pt	Pt	Pt	体脂肪量： . kg 除脂肪量： . kg B M I： .
Pt	Pt	Pt	体脂肪量： . kg 除脂肪量： . kg B M I： .

3rd month

MON	TUE	WED	THU
Pt	Pt	Pt	Pt
Pt	Pt	Pt	Pt
Pt	Pt	Pt	Pt
Pt	Pt	Pt	Pt
Pt	Pt	Pt	Pt

| 計算方法 | 体脂肪量(kg)＝体重(kg)×体脂肪率×0.9
除脂肪量(kg)＝体重(kg)－体脂肪量(kg)
BMI＝体重(kg)÷(身長(m)×身長(m)) |

FRI	SAT	SUN	AVERAGE
Pt	Pt	Pt	体脂肪量：　　　．　　kg 除脂肪量：　　　．　　kg B M I：　　　．
Pt	Pt	Pt	体脂肪量：　　　．　　kg 除脂肪量：　　　．　　kg B M I：　　　．
Pt	Pt	Pt	体脂肪量：　　　．　　kg 除脂肪量：　　　．　　kg B M I：　　　．
Pt	Pt	Pt	体脂肪量：　　　．　　kg 除脂肪量：　　　．　　kg B M I：　　　．
Pt	Pt	Pt	体脂肪量：　　　．　　kg 除脂肪量：　　　．　　kg B M I：　　　．

DAY 01

[   ]

DATA

体　重： ___ . ___ kg

体脂肪率： ___ . ___ %

内臓脂肪： _____

BREAKFAST	LUNCH

SNACK & ALCOHOL　　　SPORT & ACTIVITY

MEMO

DINNER

SCORE

		量	1マスあたりの ポイント	今日の ポイント
マ	(豆類)	◯◯◯ 1マスあたり:片手のひら1/2	+5Pt	
ゴ	(ゴマ・ナッツ類)	◯ 1マスあたり:小さじ1(ペットボトルのふた)	+5Pt	
ワ	(海藻類)	◯◯◯ 1マスあたり:片手のひら1/2	+5Pt	
ヤ	(野菜)	◯◯◯ 1マスあたり:片手のひら分	+5Pt	
サ	(魚・肉・卵)	◯◯ 1マスあたり:片手のひら分	+15Pt	
シ	(きのこ類)	◯◯ 1マスあたり:片手のひら1/2	+5Pt	
イ	(いも類)	◯ 1マスあたり:片手のひら1/2	+5Pt	
ごはん		◯◯● 2膳以下なら±0Pt、3膳以上は−10Pt	−10Pt	
糖類		● パン、パスタ、菓子、ジュース等食べたら−10Pt	−10Pt	
揚げ物		● 唐揚げやフライなど食べたら−30Pt	−30Pt	
運動		◯◯ 19ページの表を参照	+5Pt	

今日、努力したこと

TOTAL

/100

DAY 02

[   ]

DATA

体　重：　　　．　　kg

体脂肪率：　　．　　%

内臓脂肪：

BREAKFAST	LUNCH

SNACK & ALCOHOL	SPORT & ACTIVITY

1st WEEK

MEMO

DINNER	SCORE			
		量	1マスあたりの ポイント	今日の ポイント
	マ (豆類)	◯◯◯ 1マスあたり:片手のひら1/2	+5Pt	
	ゴ (ゴマ・ ナッツ類)	◯ 1マスあたり: 小さじ1(ペットボトルのふた)	+5Pt	
	ワ (海藻類)	◯◯ 1マスあたり:片手のひら1/2	+5Pt	
	ヤ (野菜)	◯◯ 1マスあたり:片手のひら分	+5Pt	
	サ (魚・肉・卵)	◯◯ 1マスあたり:片手のひら分	+15Pt	
	シ (きのこ類)	◯ 1マスあたり:片手のひら1/2	+5Pt	
	イ (いも類)	◯ 1マスあたり:片手のひら1/2	+5Pt	
	ごはん	◯◯◯ 2膳以下なら±0Pt、 3膳以上は-10Pt	-10Pt	
	糖類	◯ パン、パスタ、菓子、ジュース等 食べたら-10Pt	-10Pt	
	揚げ物	◯ 唐揚げやフライなど 食べたら-30Pt	-30Pt	
今日、努力したこと	運動	◯◯ 19ページの表を参照	+5Pt	

TOTAL

/100

DAY 03

[   ]

DATA

体　重： ___.__ kg

体脂肪率： ___.__ %

内臓脂肪： _____

BREAKFAST	LUNCH

SNACK & ALCOHOL　　　**SPORT & ACTIVITY**

MEMO

DINNER

今日、努力したこと

SCORE

	量	1マスあたりのポイント	今日のポイント
マ (豆類)	◯◯◯ 1マスあたり:片手のひら1/2	+5Pt	
ゴ (ゴマ・ナッツ類)	◯ 1マスあたり:小さじ1(ペットボトルのふた)	+5Pt	
ワ (海藻類)	◯◯◯ 1マスあたり:片手のひら1/2	+5Pt	
ヤ (野菜)	◯◯◯ 1マスあたり:片手のひら分	+5Pt	
サ (魚・肉・卵)	◯◯ 1マスあたり:片手のひら分	+15Pt	
シ (きのこ類)	◯◯ 1マスあたり:片手のひら分	+5Pt	
イ (いも類)	◯ 1マスあたり:片手のひら1/2	+5Pt	
ごはん	◯◯◯ 2膳以下なら±0Pt、3膳以上は-10Pt	-10Pt	
糖類	◯ パン、パスタ、菓子、ジュース等食べたら-10Pt	-10Pt	
揚げ物	◯ 唐揚げやフライなど食べたら-30Pt	-30Pt	
運動	◯◯◯ 19ページの表を参照	+5Pt	

TOTAL

/100

DAY 04

DATA

体　重： |　.　| kg

体脂肪率： |　.　| %

内臟脂肪：

[　　]

BREAKFAST

LUNCH

SNACK & ALCOHOL

SPORT & ACTIVITY

MEMO

DINNER

今日、努力したこと

SCORE

	量	1マスあたりのポイント	今日のポイント
マ (豆類)	☐☐☐ 1マスあたり:片手のひら1/2	+5Pt	
ゴ (ゴマ・ナッツ類)	☐ 1マスあたり:小さじ1（ペットボトルのふた）	+5Pt	
ワ (海藻類)	☐☐ 1マスあたり:片手のひら1/2	+5Pt	
ヤ (野菜)	☐☐☐ 1マスあたり:片手のひら分	+5Pt	
サ (魚・肉・卵)	☐☐ 1マスあたり:片手のひら分	+15Pt	
シ (きのこ類)	☐☐ 1マスあたり:片手のひら1/2	+5Pt	
イ (いも類)	☐ 1マスあたり:片手のひら1/2	+5Pt	
ごはん	☐☐■ 2膳以下なら±0Pt、3膳以上は-10Pt	-10Pt	
糖類	■ パン、パスタ、菓子、ジュース等食べたら-10Pt	-10Pt	
揚げ物	■ 唐揚げやフライなど食べたら-30Pt	-30Pt	
運動	☐☐ 19ページの表を参照	+5Pt	

TOTAL

/100

DAY 05		DATA			
		体　重：	.	kg	
	/	体脂肪率：	.	%	
/ [ ]		内臓脂肪：			

BREAKFAST　　　　　　　　　　　　LUNCH

SNACK & ALCOHOL　　　　　　SPORT & ACTIVITY

MEMO

DINNER

今日、努力したこと

SCORE

	量	1マスあたりの ポイント	今日の ポイント
マ (豆類)	◯◯◯ 1マスあたり:片手のひら1/2	+5Pt	
ゴ (ゴマ・ナッツ類)	◯ 1マスあたり: 小さじ1（ペットボトルのふた）	+5Pt	
ワ (海藻類)	◯◯ 1マスあたり:片手のひら1/2	+5Pt	
ヤ (野菜)	◯◯◯ 1マスあたり:片手のひら分	+5Pt	
サ (魚・肉・卵)	◯◯ 1マスあたり:片手のひら分	+15Pt	
シ (きのこ類)	◯◯ 1マスあたり:片手のひら1/2	+5Pt	
イ (いも類)	◯ 1マスあたり:片手のひら1/2	+5Pt	
ごはん	◯◯◯ 2膳以下なら±0Pt、3膳以上は-10Pt	-10Pt	
糖類	◯ パン、パスタ、菓子、ジュース等 食べたら-10Pt	-10Pt	
揚げ物	◯ 唐揚げやフライなど 食べたら-30Pt	-30Pt	
運動	◯◯ 19ページの表を参照	+5Pt	

TOTAL

/100

DAY 06

[   ]

DATA

体　重：　　.　　kg

体脂肪率：　　.　　%

内臓脂肪：

BREAKFAST　　　　　　　　**LUNCH**

SNACK & ALCOHOL　　　**SPORT & ACTIVITY**

MEMO

DINNER

今日、努力したこと

SCORE

	量	1マスあたりのポイント	今日のポイント
マ (豆類)	◯◯◯ 1マスあたり:片手のひら1/2	+5Pt	
ゴ (ゴマ・ナッツ類)	◯ 1マスあたり:小さじ1(ペットボトルのふた)	+5Pt	
ワ (海藻類)	◯◯ 1マスあたり:片手のひら1/2	+5Pt	
ヤ (野菜)	◯◯◯ 1マスあたり:片手のひら分	+5Pt	
サ (魚・肉・卵)	◯◯ 1マスあたり:片手のひら分	+15Pt	
シ (きのこ類)	◯◯ 1マスあたり:片手のひら1/2	+5Pt	
イ (いも類)	◯ 1マスあたり:片手のひら1/2	+5Pt	
ごはん	◯◯● 2膳以下なら±0Pt、3膳以上は-10Pt	-10Pt	
糖類	● パン、パスタ、菓子、ジュース等食べたら-10Pt	-10Pt	
揚げ物	● 唐揚げやフライなど食べたら-30Pt	-30Pt	
運動	◯◯ 19ページの表を参照	+5Pt	

TOTAL

/100

DAY 07

[   ]

DATA

体　　重：　　．　　kg

体脂肪率：　　．　　％

内臓脂肪：

BREAKFAST　　　　　　　　**LUNCH**

SNACK & ALCOHOL　　　　**SPORT & ACTIVITY**

MEMO

DINNER

今日、努力したこと

SCORE

	量	1マスあたりのポイント	今日のポイント
マ (豆類)	☐☐☐ 1マスあたり:片手のひら1/2	+5Pt	
ゴ (ゴマ・ナッツ類)	☐ 1マスあたり:小さじ1(ペットボトルのふた)	+5Pt	
ワ (海藻類)	☐☐ 1マスあたり:片手のひら1/2	+5Pt	
ヤ (野菜)	☐☐☐ 1マスあたり:片手のひら分	+5Pt	
サ (魚・肉・卵)	☐☐ 1マスあたり:片手のひら分	+15Pt	
シ (きのこ類)	☐☐ 1マスあたり:片手のひら1/2	+5Pt	
イ (いも類)	☐ 1マスあたり:片手のひら1/2	+5Pt	
ごはん	☐☐☐ 2膳以下なら±0Pt、3膳以上は-10Pt	-10Pt	
糖類	☐ パン、パスタ、菓子、ジュース等 食べたら-10Pt	-10Pt	
揚げ物	☐ 唐揚げやフライなど 食べたら-30Pt	-30Pt	
運動	☐☐ 19ページの表を参照	+5Pt	

TOTAL

/100

DAY 08

DATA

体　　重： ___ . ___ kg

体脂肪率： ___ . ___ %

內臟脂肪： ___

[　　]

BREAKFAST	LUNCH

SNACK & ALCOHOL　　　　SPORT & ACTIVITY

MEMO

DINNER

今日、努力したこと

SCORE

	量	1マスあたりの ポイント	今日の ポイント
マ (豆類)	◯◯◯ 1マスあたり:片手のひら1/2	+5Pt	
ゴ (ゴマ・ ナッツ類)	◯◯ 1マスあたり: 小さじ1(ペットボトルのふた)	+5Pt	
ワ (海藻類)	◯◯ 1マスあたり:片手のひら1/2	+5Pt	
ヤ (野菜)	◯◯◯ 1マスあたり:片手のひら分	+5Pt	
サ (魚・肉・卵)	◯◯ 1マスあたり:片手のひら分	+15Pt	
シ (きのこ類)	◯◯ 1マスあたり:片手のひら1/2	+5Pt	
イ (いも類)	◯ 1マスあたり:片手のひら1/2	+5Pt	
ごはん	◯◯● 2膳以下なら±0Pt、 3膳以上は−10Pt	−10Pt	
糖類	● パン、パスタ、菓子、ジュース等 食べたら−10Pt	−10Pt	
揚げ物	● 唐揚げやフライなど 食べたら−30Pt	−30Pt	
運動	◯◯ 19ページの表を参照	+5Pt	

TOTAL

/100

2nd WEEK

DAY 09

DATA

体　　重： 　　.　　 kg

体脂肪率： 　　.　　 %

内臓脂肪：

[　　　]

BREAKFAST　　　　　　　　　　**LUNCH**

SNACK & ALCOHOL　　　　**SPORT & ACTIVITY**

MEMO

DINNER	SCORE			
		量	1マスあたりの ポイント	今日の ポイント
	マ (豆類)	◯◯◯ 1マスあたり:片手のひら1/2	+5Pt	
	ゴ (ゴマ・ ナッツ類)	◯ 1マスあたり: 小さじ1(ペットボトルのふた)	+5Pt	
	ワ (海藻類)	◯◯ 1マスあたり:片手のひら1/2	+5Pt	
	ヤ (野菜)	◯◯◯ 1マスあたり:片手のひら分	+5Pt	
	サ (魚・肉・卵)	◯◯ 1マスあたり:片手のひら分	+15Pt	
	シ (きのこ類)	◯◯ 1マスあたり:片手のひら1/2	+5Pt	
	イ (いも類)	◯ 1マスあたり:片手のひら1/2	+5Pt	
	ごはん	◯◯◯ 2膳以下なら±0Pt、 3膳以上は-10Pt	-10Pt	
	糖類	◯ パン、パスタ、菓子、ジュース等 食べたら-10Pt	-10Pt	
	揚げ物	◯ 唐揚げやフライなど 食べたら-30Pt	-30Pt	
今日、努力したこと	運動	◯◯ 19ページの表を参照	+5Pt	
	TOTAL			/100

DAY 10

DATA

体　重： 　.　 kg

体脂肪率： 　.　 %

内臓脂肪：

[　]

BREAKFAST

LUNCH

SNACK & ALCOHOL

SPORT & ACTIVITY

MEMO

DINNER

今日、努力したこと

SCORE

		量	1マスあたりの ポイント	今日の ポイント
マ	(豆類)	☐☐☐ 1マスあたり:片手のひら1/2	+5Pt	
ゴ	(ゴマ・ナッツ類)	☐ 1マスあたり:小さじ1(ペットボトルのふた)	+5Pt	
ワ	(海藻類)	☐☐ 1マスあたり:片手のひら1/2	+5Pt	
ヤ	(野菜)	☐☐☐ 1マスあたり:片手のひら分	+5Pt	
サ	(魚・肉・卵)	☐☐ 1マスあたり:片手のひら分	+15Pt	
シ	(きのこ類)	☐☐ 1マスあたり:片手のひら分	+5Pt	
イ	(いも類)	☐ 1マスあたり:片手のひら1/2	+5Pt	
ごはん		☐☐☐ 2膳以下なら±0Pt、3膳以上は-10Pt	-10Pt	
糖類		☐ パン、パスタ、菓子、ジュース等 食べたら-10Pt	-10Pt	
揚げ物		☐ 唐揚げやフライなど 食べたら-30Pt	-30Pt	
運動		☐☐ 19ページの表を参照	+5Pt	

TOTAL

/100

DAY 11

DATA

体　　重： 　.　 kg

体脂肪率： 　.　 %

内臓脂肪：

[　]

BREAKFAST

LUNCH

SNACK & ALCOHOL

SPORT & ACTIVITY

MEMO

DINNER

今日、努力したこと

SCORE

	量	1マスあたりの ポイント	今日の ポイント
マ (豆類)	◯ ◯ ◯ 1マスあたり:片手のひら1/2	+5Pt	
ゴ (ゴマ・ ナッツ類)	◯ 1マスあたり: 小さじ1(ペットボトルのふた)	+5Pt	
ワ (海藻類)	◯ ◯ 1マスあたり:片手のひら1/2	+5Pt	
ヤ (野菜)	◯ ◯ ◯ 1マスあたり:片手のひら分	+5Pt	
サ (魚・肉・卵)	◯ ◯ 1マスあたり:片手のひら分	+15Pt	
シ (きのこ類)	◯ ◯ 1マスあたり:片手のひら分	+5Pt	
イ (いも類)	◯ 1マスあたり:片手のひら1/2	+5Pt	
ごはん	◯ ◯ ◯ 2膳以下なら±0Pt、 3膳以上は-10Pt	-10Pt	
糖類	◯ パン、パスタ、菓子、ジュース等 食べたら-10Pt	-10Pt	
揚げ物	◯ 唐揚げやフライなど 食べたら-30Pt	-30Pt	
運動	◯ ◯ 19ページの表を参照	+5Pt	

TOTAL

/100

DAY 12

DATA

体　　重： . kg

体脂肪率： . %

内臓脂肪：

[　]

BREAKFAST	LUNCH

SNACK & ALCOHOL　　　　SPORT & ACTIVITY

MEMO

DINNER

今日、努力したこと

SCORE

	量	1マスあたりの ポイント	今日の ポイント
マ （豆類）	◯◯◯ 1マスあたり：片手のひら1/2	+5Pt	
ゴ （ゴマ・ ナッツ類）	◯ 1マスあたり： 小さじ1（ペットボトルのふた）	+5Pt	
ワ （海藻類）	◯◯ 1マスあたり：片手のひら1/2	+5Pt	
ヤ （野菜）	◯◯◯ 1マスあたり：片手のひら分	+5Pt	
サ （魚・肉・卵）	◯◯ 1マスあたり：片手のひら分	+15Pt	
シ （きのこ類）	◯◯ 1マスあたり：片手のひら分	+5Pt	
イ （いも類）	◯ 1マスあたり：片手のひら1/2	+5Pt	
ごはん	◯◯◯ 2膳以下なら±0Pt、 3膳以上は−10Pt	−10Pt	
糖類	◯ パン、パスタ、菓子、ジュース等 食べたら−10Pt	−10Pt	
揚げ物	◯ 唐揚げやフライなど 食べたら−30Pt	−30Pt	
運動	◯◯ 19ページの表を参照	+5Pt	

TOTAL

/100

DAY 13

DATA

体　重：　　.　　kg

体脂肪率：　　.　　％

内臓脂肪：

[　]

BREAKFAST

LUNCH

SNACK & ALCOHOL

SPORT & ACTIVITY

MEMO

DINNER

今日、努力したこと

SCORE

	量	1マスあたりの ポイント	今日の ポイント
マ (豆類)	☐ ☐ ☐ 1マスあたり:片手のひら1/2	+5Pt	
ゴ (ゴマ・ ナッツ類)	☐ 1マスあたり: 小さじ1(ペットボトルのふた)	+5Pt	
ワ (海藻類)	☐ ☐ 1マスあたり:片手のひら1/2	+5Pt	
ヤ (野菜)	☐ ☐ ☐ 1マスあたり:片手のひら分	+5Pt	
サ (魚・肉・卵)	☐ ☐ 1マスあたり:片手のひら分	+15Pt	
シ (きのこ類)	☐ ☐ 1マスあたり:片手のひら1/2	+5Pt	
イ (いも類)	☐ 1マスあたり:片手のひら1/2	+5Pt	
ごはん	☐ ☐ ☐ 2膳以下なら±0Pt、 3膳以上は-10Pt	-10Pt	
糖類	☐ パン、パスタ、菓子、ジュース等 食べたら-10Pt	-10Pt	
揚げ物	☐ 唐揚げやフライなど 食べたら-30Pt	-30Pt	
運動	☐ ☐ 19ページの表を参照	+5Pt	

TOTAL

/100

DAY 14

[   ]

DATA

体　重：　　　.　　kg

体脂肪率：　　　.　　%

内臓脂肪：

BREAKFAST

LUNCH

SNACK & ALCOHOL

SPORT & ACTIVITY

MEMO

2nd WEEK

| DINNER | SCORE |

SCORE

		量	1マスあたりの ポイント	今日の ポイント
マ (豆類)		1マスあたり:片手のひら1/2	+5Pt	
ゴ (ゴマ・ナッツ類)		1マスあたり: 小さじ1(ペットボトルのふた)	+5Pt	
ワ (海藻類)		1マスあたり:片手のひら1/2	+5Pt	
ヤ (野菜)		1マスあたり:片手のひら分	+5Pt	
サ (魚・肉・卵)		1マスあたり:片手のひら分	+15Pt	
シ (きのこ類)		1マスあたり:片手のひら1/2	+5Pt	
イ (いも類)		1マスあたり:片手のひら1/2	+5Pt	
ごはん		2膳以下なら±0Pt、3膳以上は−10Pt	−10Pt	
糖類		パン、パスタ、菓子、ジュース等 食べたら−10Pt	−10Pt	
揚げ物		唐揚げやフライなど 食べたら−30Pt	−30Pt	
運動		19ページの表を参照	+5Pt	

今日、努力したこと

TOTAL

/100

DAY 15

[   ]

DATA

体　　重：　　　．　　　kg

体脂肪率：　　　．　　　％

内臓脂肪：

BREAKFAST

LUNCH

SNACK & ALCOHOL

SPORT & ACTIVITY

MEMO

DINNER

今日、努力したこと

SCORE

		量	1マスあたりのポイント	今日のポイント
マ	(豆類)	1マスあたり:片手のひら1/2	+5Pt	
ゴ	(ゴマ・ナッツ類)	1マスあたり:小さじ1(ペットボトルのふた)	+5Pt	
ワ	(海藻類)	1マスあたり:片手のひら1/2	+5Pt	
ヤ	(野菜)	1マスあたり:片手のひら分	+5Pt	
サ	(魚・肉・卵)	1マスあたり:片手のひら分	+15Pt	
シ	(きのこ類)	1マスあたり:片手のひら1/2	+5Pt	
イ	(いも類)	1マスあたり:片手のひら1/2	+5Pt	
ごはん		2膳以下なら±0Pt、3膳以上は-10Pt	-10Pt	
糖類		パン、パスタ、菓子、ジュース等食べたら-10Pt	-10Pt	
揚げ物		唐揚げやフライなど食べたら-30Pt	-30Pt	
運動		19ページの表を参照	+5Pt	

TOTAL

/100

3rd WEEK

DAY 16

[   ]

DATA

体　　重：　　　　．　　　kg

体脂肪率：　　　　．　　　％

内臓脂肪：

BREAKFAST | **LUNCH**

SNACK & ALCOHOL | **SPORT & ACTIVITY**

MEMO

3rd WEEK

DINNER	SCORE			
		量	1マスあたりのポイント	今日のポイント
	マ (豆類)	◯◯◯ 1マスあたり:片手のひら1/2	+5Pt	
	ゴ (ゴマ・ナッツ類)	◯ 1マスあたり:小さじ1（ペットボトルのふた）	+5Pt	
	ワ (海藻類)	◯◯ 1マスあたり:片手のひら1/2	+5Pt	
	ヤ (野菜)	◯◯◯ 1マスあたり:片手のひら分	+5Pt	
	サ (魚・肉・卵)	◯◯ 1マスあたり:片手のひら分	+15Pt	
	シ (きのこ類)	◯◯ 1マスあたり:片手のひら1/2	+5Pt	
	イ (いも類)	◯ 1マスあたり:片手のひら1/2	+5Pt	
	ごはん	◯◯◯ 2膳以下なら±0Pt、3膳以上は−10Pt	−10Pt	
	糖類	◯ パン、パスタ、菓子、ジュース等 食べたら−10Pt	−10Pt	
	揚げ物	◯ 唐揚げやフライなど 食べたら−30Pt	−30Pt	
今日、努力したこと	運動	◯◯ 19ページの表を参照	+5Pt	

TOTAL

/100

DAY 17

[   ]

DATA

体　重：	.	kg
体脂肪率：	.	%
内臓脂肪：		

BREAKFAST

LUNCH

SNACK & ALCOHOL

SPORT & ACTIVITY

MEMO

DINNER

今日、努力したこと

SCORE

	量	1マスあたりのポイント	今日のポイント
マ (豆類)	☐☐☐ 1マスあたり:片手のひら1/2	+5Pt	
ゴ (ゴマ・ナッツ類)	☐ 1マスあたり:小さじ1(ペットボトルのふた)	+5Pt	
ワ (海藻類)	☐☐ 1マスあたり:片手のひら1/2	+5Pt	
ヤ (野菜)	☐☐☐ 1マスあたり:片手のひら分	+5Pt	
サ (魚・肉・卵)	☐☐ 1マスあたり:片手のひら分	+15Pt	
シ (きのこ類)	☐☐ 1マスあたり:片手のひら1/2	+5Pt	
イ (いも類)	☐ 1マスあたり:片手のひら1/2	+5Pt	
ごはん	☐☐☐ 2膳以下なら±0Pt、3膳以上は-10Pt	-10Pt	
糖類	☐ パン、パスタ、菓子、ジュース等 食べたら-10Pt	-10Pt	
揚げ物	☐ 唐揚げやフライなど 食べたら-30Pt	-30Pt	
運動	☐☐ 19ページの表を参照	+5Pt	

TOTAL

/ 100

3rd WEEK

DAY 18

DATA

体　重：　　.　　kg

体脂肪率：　　.　　%

内臓脂肪：

[　]

BREAKFAST	LUNCH

SNACK & ALCOHOL　　　　SPORT & ACTIVITY

MEMO

DINNER

今日、努力したこと

SCORE

	量	1マスあたりのポイント	今日のポイント
マ (豆類)	◯◯◯ 1マスあたり:片手のひら1/2	+5Pt	
ゴ (ゴマ・ナッツ類)	◯ 1マスあたり:小さじ1(ペットボトルのふた)	+5Pt	
ワ (海藻類)	◯◯ 1マスあたり:片手のひら1/2	+5Pt	
ヤ (野菜)	◯◯◯ 1マスあたり:片手のひら分	+5Pt	
サ (魚・肉・卵)	◯◯ 1マスあたり:片手のひら分	+15Pt	
シ (きのこ類)	◯◯ 1マスあたり:片手のひら1/2	+5Pt	
イ (いも類)	◯ 1マスあたり:片手のひら1/2	+5Pt	
ごはん	◯◯◯ 2膳以下なら±0Pt、3膳以上は−10Pt	−10Pt	
糖類	◯ パン、パスタ、菓子、ジュース等食べたら−10Pt	−10Pt	
揚げ物	◯ 唐揚げやフライなど食べたら−30Pt	−30Pt	
運動	◯◯ 19ページの表を参照	+5Pt	

TOTAL

/100

DAY 19

DATA

体　重： .　　kg

体脂肪率： .　　%

内臓脂肪：

[　]

BREAKFAST

LUNCH

SNACK & ALCOHOL

SPORT & ACTIVITY

MEMO

	DINNER			SCORE		
				量	1マスあたりの ポイント	今日の ポイント
			マ (豆類)	☐☐☐ 1マスあたり:片手のひら1/2	+5Pt	
			ゴ (ゴマ・ナッツ類)	☐ 1マスあたり: 小さじ1 (ペットボトルのふた)	+5Pt	
			ワ (海藻類)	☐☐☐ 1マスあたり:片手のひら1/2	+5Pt	
			ヤ (野菜)	☐☐☐ 1マスあたり:片手のひら分	+5Pt	
			サ (魚・肉・卵)	☐☐ 1マスあたり:片手のひら分	+15Pt	
			シ (きのこ類)	☐☐ 1マスあたり:片手のひら1/2	+5Pt	
			イ (いも類)	☐ 1マスあたり:片手のひら1/2	+5Pt	
			ごはん	☐☐☐ 2膳以下なら±0Pt、 3膳以上は-10Pt	-10Pt	
			糖類	☐ パン、パスタ、菓子、ジュース等 食べたら-10Pt	-10Pt	
			揚げ物	☐ 唐揚げやフライなど 食べたら-30Pt	-30Pt	
	今日、努力したこと		運動	☐☐ 19ページの表を参照	+5Pt	

TOTAL

/100

DAY 20

DATA

体　　重：　　　．　　　kg

体脂肪率：　　　．　　　%

内臓脂肪：

[　　]

BREAKFAST | **LUNCH**

SNACK & ALCOHOL | **SPORT & ACTIVITY**

MEMO

DINNER

今日、努力したこと

SCORE

	量	1マスあたりのポイント	今日のポイント
マ (豆類)	☐ ☐ ☐ 1マスあたり:片手のひら1/2	+5Pt	
ゴ (ゴマ・ナッツ類)	☐ 1マスあたり:小さじ1(ペットボトルのふた)	+5Pt	
ワ (海藻類)	☐ ☐ 1マスあたり:片手のひら1/2	+5Pt	
ヤ (野菜)	☐ ☐ ☐ 1マスあたり:片手のひら分	+5Pt	
サ (魚・肉・卵)	☐ ☐ 1マスあたり:片手のひら分	+15Pt	
シ (きのこ類)	☐ ☐ 1マスあたり:片手のひら1/2	+5Pt	
イ (いも類)	☐ 1マスあたり:片手のひら1/2	+5Pt	
ごはん	☐ ☐ ■ 2膳以下なら±0Pt、3膳以上は−10Pt	−10Pt	
糖類	■ パン、パスタ、菓子、ジュース等食べたら−10Pt	−10Pt	
揚げ物	■ 唐揚げやフライなど食べたら−30Pt	−30Pt	
運動	☐ ☐ 19ページの表を参照	+5Pt	

TOTAL

/100

3rd WEEK

DAY 21

DATA

体　　重：　　　．　　kg

体脂肪率：　　　．　　％

内臓脂肪：

[　]

BREAKFAST

LUNCH

SNACK & ALCOHOL

SPORT & ACTIVITY

MEMO

DINNER

SCORE

		量	1マスあたりのポイント	今日のポイント
マ	(豆類)	1マスあたり:片手のひら1/2	+5Pt	
ゴ	(ゴマ・ナッツ類)	1マスあたり:小さじ1(ペットボトルのふた)	+5Pt	
ワ	(海藻類)	1マスあたり:片手のひら1/2	+5Pt	
ヤ	(野菜)	1マスあたり:片手のひら分	+5Pt	
サ	(魚・肉・卵)	1マスあたり:片手のひら分	+15Pt	
シ	(きのこ類)	1マスあたり:片手のひら1/2	+5Pt	
イ	(いも類)	1マスあたり:片手のひら1/2	+5Pt	
ごはん		2膳以下なら±0Pt、3膳以上は-10Pt	-10Pt	
糖類		パン、パスタ、菓子、ジュース等食べたら-10Pt	-10Pt	
揚げ物		唐揚げやフライなど食べたら-30Pt	-30Pt	
運動		19ページの表を参照	+5Pt	

TOTAL

今日、努力したこと

/100

DAY 22

DATA

体　　重：　　　．　　kg

体脂肪率： 　　．　　％

内臓脂肪：

[　　]

BREAKFAST　　　　　　　　　　**LUNCH**

SNACK & ALCOHOL　　　　**SPORT & ACTIVITY**

MEMO

DINNER

今日、努力したこと

SCORE

	量	1マスあたりの ポイント	今日の ポイント
マ (豆類)	◯◯◯ 1マスあたり:片手のひら1/2	+5Pt	
ゴ (ゴマ・ ナッツ類)	◯ 1マスあたり: 小さじ1 (ペットボトルのふた)	+5Pt	
ワ (海藻類)	◯◯ 1マスあたり:片手のひら1/2	+5Pt	
ヤ (野菜)	◯◯◯ 1マスあたり:片手のひら分	+5Pt	
サ (魚・肉・卵)	◯◯ 1マスあたり:片手のひら分	+15Pt	
シ (きのこ類)	◯◯ 1マスあたり:片手のひら分	+5Pt	
イ (いも類)	◯ 1マスあたり:片手のひら1/2	+5Pt	
ごはん	◯◯◯ 2膳以下なら±0Pt、 3膳以上は-10Pt	-10Pt	
糖類	◯ パン、パスタ、菓子、ジュース等 食べたら-10Pt	-10Pt	
揚げ物	◯ 唐揚げやフライなど 食べたら-30Pt	-30Pt	
運動	◯◯ 19ページの表を参照	+5Pt	

TOTAL

/100

DAY 23

DATA

体　　重：　　　．　　kg

体脂肪率：　　　．　　％

内臓脂肪：

[　　　]

BREAKFAST

LUNCH

SNACK & ALCOHOL

SPORT & ACTIVITY

MEMO

DINNER	SCORE			
		量	1マスあたりの ポイント	今日の ポイント
	マ (豆類)	○○○ 1マスあたり:片手のひら1/2	+5Pt	
	ゴ (ゴマ・ナッツ類)	○ 1マスあたり: 小さじ1(ペットボトルのふた)	+5Pt	
	ワ (海藻類)	○○ 1マスあたり:片手のひら1/2	+5Pt	
	ヤ (野菜)	○○○ 1マスあたり:片手のひら分	+5Pt	
	サ (魚・肉・卵)	○○ 1マスあたり:片手のひら分	+15Pt	
	シ (きのこ類)	○○ 1マスあたり:片手のひら1/2	+5Pt	
	イ (いも類)	○ 1マスあたり:片手のひら1/2	+5Pt	
	ごはん	○○○ 2膳以下なら±0Pt、3膳以上は-10Pt	-10Pt	
	糖類	● パン、パスタ、菓子、ジュース等 食べたら-10Pt	-10Pt	
	揚げ物	● 唐揚げやフライなど 食べたら-30Pt	-30Pt	
今日、努力したこと	**運動**	○○ 19ページの表を参照	+5Pt	
	TOTAL			

/100

4th WEEK

DAY 24

[   ]

DATA

体　重：　　　．　　kg

体脂肪率：　　．　　%

内臓脂肪：

BREAKFAST

LUNCH

SNACK & ALCOHOL

SPORT & ACTIVITY

MEMO

DINNER

今日、努力したこと

SCORE

	量	1マスあたりの ポイント	今日の ポイント
マ (豆類)	1マスあたり:片手のひら1/2	+5Pt	
ゴ (ゴマ・ナッツ類)	1マスあたり: 小さじ1(ペットボトルのふた)	+5Pt	
ワ (海藻類)	1マスあたり:片手のひら1/2	+5Pt	
ヤ (野菜)	1マスあたり:片手のひら分	+5Pt	
サ (魚・肉・卵)	1マスあたり:片手のひら分	+15Pt	
シ (きのこ類)	1マスあたり:片手のひら1/2	+5Pt	
イ (いも類)	1マスあたり:片手のひら1/2	+5Pt	
ごはん	2膳以下なら±0Pt、 3膳以上は-10Pt	-10Pt	
糖類	パン、パスタ、菓子、ジュース等 食べたら-10Pt	-10Pt	
揚げ物	唐揚げやフライなど 食べたら-30Pt	-30Pt	
運動	19ページの表を参照	+5Pt	

TOTAL

/100

4th WEEK

DAY 25

DATA

体　重：　　．　　kg

体脂肪率：　　．　　%

内臓脂肪：

[　　]

BREAKFAST | **LUNCH**

SNACK & ALCOHOL | **SPORT & ACTIVITY**

MEMO

DINNER	SCORE			
		量	1マスあたりの ポイント	今日の ポイント
	マ (豆類)	◯◯◯ 1マスあたり:片手のひら1/2	+5Pt	
	ゴ (ゴマ・ナッツ類)	◯ 1マスあたり: 小さじ1(ペットボトルのふた)	+5Pt	
	ワ (海藻類)	◯◯ 1マスあたり:片手のひら1/2	+5Pt	
	ヤ (野菜)	◯◯◯ 1マスあたり:片手のひら分	+5Pt	
	サ (魚・肉・卵)	◯◯ 1マスあたり:片手のひら分	+15Pt	
	シ (きのこ類)	◯◯ 1マスあたり:片手のひら1/2	+5Pt	
	イ (いも類)	◯ 1マスあたり:片手のひら1/2	+5Pt	
	ごはん	◯◯◯ 2膳以下なら±0Pt、 3膳以上は-10Pt	-10Pt	
	糖類	◯ パン、パスタ、菓子、ジュース等 食べたら-10Pt	-10Pt	
	揚げ物	◯ 唐揚げやフライなど 食べたら-30Pt	-30Pt	
今日、努力したこと	運動	◯◯ 19ページの表を参照	+5Pt	
	TOTAL			/100

DAY 26

[   ]

DATA

体　　重： 　　．　　kg

体脂肪率： 　　．　　％

内臓脂肪：

BREAKFAST | **LUNCH**

SNACK & ALCOHOL | **SPORT & ACTIVITY**

MEMO

DINNER

今日、努力したこと

SCORE

		量	1マスあたりの ポイント	今日の ポイント
マ	(豆類)	◯◯◯ 1マスあたり:片手のひら1/2	+5Pt	
ゴ	(ゴマ・ナッツ類)	◯ 1マスあたり:小さじ1（ペットボトルのふた）	+5Pt	
ワ	(海藻類)	◯◯ 1マスあたり:片手のひら1/2	+5Pt	
ヤ	(野菜)	◯◯◯ 1マスあたり:片手のひら分	+5Pt	
サ	(魚・肉・卵)	◯◯ 1マスあたり:片手のひら分	+15Pt	
シ	(きのこ類)	◯◯ 1マスあたり:片手のひら1/2	+5Pt	
イ	(いも類)	◯ 1マスあたり:片手のひら1/2	+5Pt	
ごはん		◯◯◯ 2膳以下なら±0Pt、3膳以上は-10Pt	-10Pt	
糖類		◯ パン、パスタ、菓子、ジュース等食べたら-10Pt	-10Pt	
揚げ物		◯ 唐揚げやフライなど食べたら-30Pt	-30Pt	
運動		◯◯ 19ページの表を参照	+5Pt	

TOTAL

DAY 27

[   ]

DATA

体　重： ___ . ___ kg

体脂肪率： ___ . ___ %

内臓脂肪： _____

BREAKFAST | **LUNCH**

SNACK & ALCOHOL | **SPORT & ACTIVITY**

MEMO

DINNER

今日、努力したこと

SCORE

	量	1マスあたりの ポイント	今日の ポイント
マ (豆類)	☐☐☐ 1マスあたり:片手のひら1/2	+5Pt	
ゴ (ゴマ・ナッツ類)	☐ 1マスあたり: 小さじ1(ペットボトルのふた)	+5Pt	
ワ (海藻類)	☐☐☐ 1マスあたり:片手のひら1/2	+5Pt	
ヤ (野菜)	☐☐☐ 1マスあたり:片手のひら分	+5Pt	
サ (魚・肉・卵)	☐☐ 1マスあたり:片手のひら分	+15Pt	
シ (きのこ類)	☐☐☐ 1マスあたり:片手のひら1/2	+5Pt	
イ (いも類)	☐ 1マスあたり:片手のひら1/2	+5Pt	
ごはん	☐☐☐ 2膳以下なら±0Pt、 3膳以上は-10Pt	-10Pt	
糖類	☐ パン、パスタ、菓子、ジュース等 食べたら-10Pt	-10Pt	
揚げ物	☐ 唐揚げやフライなど 食べたら-30Pt	-30Pt	
運動	☐☐ 19ページの表を参照	+5Pt	

TOTAL

/100

4th WEEK

DAY 28

DATA

体　重： . kg

体脂肪率： . %

内臓脂肪：

[　]

BREAKFAST

LUNCH

SNACK & ALCOHOL

SPORT & ACTIVITY

MEMO

DINNER

今日、努力したこと

SCORE

		量	1マスあたりの ポイント	今日の ポイント
マ (豆類)	◯◯◯	1マスあたり:片手のひら1/2	+5Pt	
ゴ (ゴマ・ ナッツ類)	◯◯	1マスあたり: 小さじ1(ペットボトルのふた)	+5Pt	
ワ (海藻類)	◯◯	1マスあたり:片手のひら1/2	+5Pt	
ヤ (野菜)	◯◯◯	1マスあたり:片手のひら分	+5Pt	
サ (魚・肉・卵)	◯◯	1マスあたり:片手のひら分	+15Pt	
シ (きのこ類)	◯◯	1マスあたり:片手のひら1/2	+5Pt	
イ (いも類)	◯	1マスあたり:片手のひら1/2	+5Pt	
ごはん	◯◯●	2膳以下なら±0Pt、 3膳以上は−10Pt	−10Pt	
糖類	●	パン、パスタ、菓子、ジュース等 食べたら−10Pt	−10Pt	
揚げ物	●	唐揚げやフライなど 食べたら−30Pt	−30Pt	
運動	◯◯	19ページの表を参照	+5Pt	

TOTAL

/100

DAY 29

DATA

体　重： 　.　 kg

体脂肪率： 　.　 %

内臓脂肪：

[　]

BREAKFAST

LUNCH

SNACK & ALCOHOL

SPORT & ACTIVITY

MEMO

DINNER

今日、努力したこと

SCORE

	量	1マスあたりの ポイント	今日の ポイント
マ (豆類)	☐☐☐ 1マスあたり:片手のひら1/2	+5Pt	
ゴ (ゴマ・ ナッツ類)	☐ 1マスあたり: 小さじ1(ペットボトルのふた)	+5Pt	
ワ (海藻類)	☐☐ 1マスあたり:片手のひら1/2	+5Pt	
ヤ (野菜)	☐☐☐ 1マスあたり:片手のひら分	+5Pt	
サ (魚・肉・卵)	☐☐ 1マスあたり:片手のひら分	+15Pt	
シ (きのこ類)	☐☐ 1マスあたり:片手のひら1/2	+5Pt	
イ (いも類)	☐ 1マスあたり:片手のひら1/2	+5Pt	
ごはん	☐☐☐ 2膳以下なら±0Pt、 3膳以上は-10Pt	-10Pt	
糖類	☐ パン、パスタ、菓子、ジュース等 食べたら-10Pt	-10Pt	
揚げ物	☐ 唐揚げやフライなど 食べたら-30Pt	-30Pt	
運動	☐☐ 19ページの表を参照	+5Pt	

TOTAL

/100

DAY 30

DATA

体　　重： ____ . ____ kg

体脂肪率： ____ . ____ %

内臓脂肪： ____

[　　]

BREAKFAST | **LUNCH**

SNACK & ALCOHOL | **SPORT & ACTIVITY**

MEMO

DINNER

今日、努力したこと

SCORE

	量	1マスあたりの ポイント	今日の ポイント
マ (豆類)	1マスあたり:片手のひら1/2	+5Pt	
ゴ (ゴマ・ナッツ類)	1マスあたり: 小さじ1(ペットボトルのふた)	+5Pt	
ワ (海藻類)	1マスあたり:片手のひら1/2	+5Pt	
ヤ (野菜)	1マスあたり:片手のひら分	+5Pt	
サ (魚・肉・卵)	1マスあたり:片手のひら分	+15Pt	
シ (きのこ類)	1マスあたり:片手のひら1/2	+5Pt	
イ (いも類)	1マスあたり:片手のひら1/2	+5Pt	
ごはん	2膳以下なら±0Pt、3膳以上は-10Pt	-10Pt	
糖類	パン、パスタ、菓子、ジュース等 食べたら-10Pt	-10Pt	
揚げ物	唐揚げやフライなど 食べたら-30Pt	-30Pt	
運動	19ページの表を参照	+5Pt	

TOTAL

/100

DAY 31

[   ]

DATA

体　　重： . 　　kg

体脂肪率： . 　　%

内臓脂肪：

BREAKFAST

LUNCH

SNACK & ALCOHOL

SPORT & ACTIVITY

MEMO

DINNER

今日、努力したこと

SCORE

	量	1マスあたりのポイント	今日のポイント
マ (豆類)	1マスあたり:片手のひら1/2	+5Pt	
ゴ (ゴマ・ナッツ類)	1マスあたり: 小さじ1(ペットボトルのふた)	+5Pt	
ワ (海藻類)	1マスあたり:片手のひら1/2	+5Pt	
ヤ (野菜)	1マスあたり:片手のひら分	+5Pt	
サ (魚・肉・卵)	1マスあたり:片手のひら分	+15Pt	
シ (きのこ類)	1マスあたり:片手のひら1/2	+5Pt	
イ (いも類)	1マスあたり:片手のひら1/2	+5Pt	
ごはん	2膳以下なら±0Pt、 3膳以上は-10Pt	-10Pt	
糖類	パン、パスタ、菓子、ジュース等 食べたら-10Pt	-10Pt	
揚げ物	唐揚げやフライなど 食べたら-30Pt	-30Pt	
運動	19ページの表を参照	+5Pt	

TOTAL

/100

5th WEEK

DAY 32

[   ]

DATA

体　重： 　.　 kg

体脂肪率： 　.　 %

内臓脂肪：

BREAKFAST　　　　　　　　　　　**LUNCH**

SNACK & ALCOHOL　　　　　**SPORT & ACTIVITY**

MEMO

DINNER

今日、努力したこと

SCORE

		量	1マスあたりの ポイント	今日の ポイント
マ （豆類）		1マスあたり:片手のひら1/2	+5Pt	
ゴ （ゴマ・ ナッツ類）		1マスあたり： 小さじ1（ペットボトルのふた）	+5Pt	
ワ （海藻類）		1マスあたり:片手のひら1/2	+5Pt	
ヤ （野菜）		1マスあたり:片手のひら分	+5Pt	
サ （魚・肉・卵）		1マスあたり:片手のひら分	+15Pt	
シ （きのこ類）		1マスあたり:片手のひら分	+5Pt	
イ （いも類）		1マスあたり:片手のひら1/2	+5Pt	
ごはん		2膳以下なら±0Pt、 3膳以上は-10Pt	-10Pt	
糖類		パン、パスタ、菓子、ジュース等 食べたら-10Pt	-10Pt	
揚げ物		唐揚げやフライなど 食べたら-30Pt	-30Pt	
運動		19ページの表を参照	+5Pt	

TOTAL

/100

DAY 33

[   ]

DATA

体　重：　　　．　　　kg

体脂肪率：　　．　　　%

内臓脂肪：

BREAKFAST	LUNCH

SNACK & ALCOHOL	SPORT & ACTIVITY

MEMO

DINNER

今日、努力したこと

SCORE

	量	1マスあたりの ポイント	今日の ポイント
マ (豆類)	1マスあたり:片手のひら1/2	+5Pt	
ゴ (ゴマ・ナッツ類)	1マスあたり: 小さじ1(ペットボトルのふた)	+5Pt	
ワ (海藻類)	1マスあたり:片手のひら1/2	+5Pt	
ヤ (野菜)	1マスあたり:片手のひら分	+5Pt	
サ (魚・肉・卵)	1マスあたり:片手のひら分	+15Pt	
シ (きのこ類)	1マスあたり:片手のひら1/2	+5Pt	
イ (いも類)	1マスあたり:片手のひら1/2	+5Pt	
ごはん	2膳以下なら±0Pt、 3膳以上は-10Pt	-10Pt	
糖類	パン、パスタ、菓子、ジュース等 食べたら-10Pt	-10Pt	
揚げ物	唐揚げやフライなど 食べたら-30Pt	-30Pt	
運動	19ページの表を参照	+5Pt	

TOTAL

/100

DAY 34

DATA

体　重： ___ . ___ kg

体脂肪率： ___ . ___ %

内臓脂肪： ___

[　]

BREAKFAST | **LUNCH**

SNACK & ALCOHOL | **SPORT & ACTIVITY**

MEMO

DINNER

今日、努力したこと

SCORE

	量	1マスあたりの ポイント	今日の ポイント
マ (豆類)	◯◯◯ 1マスあたり:片手のひら1/2	+5Pt	
ゴ (ゴマ・ ナッツ類)	◯ 1マスあたり: 小さじ1(ペットボトルのふた)	+5Pt	
ワ (海藻類)	◯◯◯ 1マスあたり:片手のひら1/2	+5Pt	
ヤ (野菜)	◯◯◯ 1マスあたり:片手のひら分	+5Pt	
サ (魚・肉・卵)	◯◯ 1マスあたり:片手のひら分	+15Pt	
シ (きのこ類)	◯◯ 1マスあたり:片手のひら1/2	+5Pt	
イ (いも類)	◯ 1マスあたり:片手のひら1/2	+5Pt	
ごはん	◯◯◯ 2膳以下なら±0Pt、 3膳以上は-10Pt	-10Pt	
糖類	◯ パン、パスタ、菓子、ジュース等 食べたら-10Pt	-10Pt	
揚げ物	◯ 唐揚げやフライなど 食べたら-30Pt	-30Pt	
運動	◯◯ 19ページの表を参照	+5Pt	

TOTAL

/100

5th WEEK

DAY 35

[   ]

DATA

体　重：　　　．　　kg

体脂肪率：　　　．　　%

内臓脂肪：

BREAKFAST | LUNCH

SNACK & ALCOHOL | SPORT & ACTIVITY

MEMO

DINNER	SCORE			
		量	1マスあたりの ポイント	今日の ポイント
	マ (豆類)	☐☐☐ 1マスあたり:片手のひら1/2	+5Pt	
	ゴ (ゴマ・ ナッツ類)	☐ 1マスあたり: 小さじ1(ペットボトルのふた)	+5Pt	
	ワ (海藻類)	☐☐☐ 1マスあたり:片手のひら1/2	+5Pt	
	ヤ (野菜)	☐☐☐ 1マスあたり:片手のひら分	+5Pt	
	サ (魚・肉・卵)	☐☐ 1マスあたり:片手のひら分	+15Pt	
	シ (きのこ類)	☐☐☐ 1マスあたり:片手のひら1/2	+5Pt	
	イ (いも類)	☐ 1マスあたり:片手のひら1/2	+5Pt	
	ごはん	☐☐☐ 2膳以下なら±0Pt、 3膳以上は-10Pt	-10Pt	
	糖類	☐ パン、パスタ、菓子、ジュース等 食べたら-10Pt	-10Pt	
	揚げ物	☐ 唐揚げやフライなど 食べたら-30Pt	-30Pt	
今日、努力したこと	運動	☐☐ 19ページの表を参照	+5Pt	

TOTAL

/100

5th WEEK

DAY 36

DATA

体　　重：　　　．　　　kg

体脂肪率：　　　．　　　％

内臓脂肪：

[　　　]

BREAKFAST | **LUNCH**

SNACK & ALCOHOL | **SPORT & ACTIVITY**

MEMO

DINNER

今日、努力したこと

SCORE

	量	1マスあたりの ポイント	今日の ポイント
マ (豆類)	☐☐☐ 1マスあたり:片手のひら1/2	+5Pt	
ゴ (ゴマ・ナッツ類)	☐ 1マスあたり: 小さじ1(ペットボトルのふた)	+5Pt	
ワ (海藻類)	☐☐☐ 1マスあたり:片手のひら1/2	+5Pt	
ヤ (野菜)	☐☐☐ 1マスあたり:片手のひら分	+5Pt	
サ (魚・肉・卵)	☐☐ 1マスあたり:片手のひら分	+15Pt	
シ (きのこ類)	☐☐ 1マスあたり:片手のひら分	+5Pt	
イ (いも類)	☐ 1マスあたり:片手のひら1/2	+5Pt	
ごはん	☐☐■ 2膳以下なら±0Pt、 3膳以上は−10Pt	−10Pt	
糖類	■ パン、パスタ、菓子、ジュース等 食べたら−10Pt	−10Pt	
揚げ物	■ 唐揚げやフライなど 食べたら−30Pt	−30Pt	
運動	☐☐ 19ページの表を参照	+5Pt	

TOTAL

/100

6th WEEK

DAY 37

[   ]

DATA

体　　重：　　　．　　kg

体脂肪率：　　　．　　％

内臓脂肪：

BREAKFAST

LUNCH

SNACK & ALCOHOL

SPORT & ACTIVITY

MEMO

DINNER

今日、努力したこと

SCORE

	量	1マスあたりの ポイント	今日の ポイント
マ (豆類)	☐☐☐ 1マスあたり:片手のひら1/2	+5Pt	
ゴ (ゴマ・ナッツ類)	☐ 1マスあたり:小さじ1(ペットボトルのふた)	+5Pt	
ワ (海藻類)	☐☐ 1マスあたり:片手のひら1/2	+5Pt	
ヤ (野菜)	☐☐☐ 1マスあたり:片手のひら分	+5Pt	
サ (魚・肉・卵)	☐☐ 1マスあたり:片手のひら分	+15Pt	
シ (きのこ類)	☐☐ 1マスあたり:片手のひら1/2	+5Pt	
イ (いも類)	☐ 1マスあたり:片手のひら1/2	+5Pt	
ごはん	☐☐☐ 2膳以下なら±0Pt、3膳以上は-10Pt	-10Pt	
糖類	☐ パン、パスタ、菓子、ジュース等食べたら-10Pt	-10Pt	
揚げ物	☐ 唐揚げやフライなど食べたら-30Pt	-30Pt	
運動	☐☐ 19ページの表を参照	+5Pt	

TOTAL

/100

6th WEEK

DAY 37

[   ]

DATA

体　　重：　　　.　　　kg

体脂肪率：　　　.　　　%

内臓脂肪：

BREAKFAST | LUNCH

SNACK & ALCOHOL | SPORT & ACTIVITY

MEMO

DINNER

今日、努力したこと

SCORE

	量	1マスあたりの ポイント	今日の ポイント
マ (豆類)	1マスあたり:片手のひら1/2	+5Pt	
ゴ (ゴマ・ ナッツ類)	1マスあたり: 小さじ1 (ペットボトルのふた)	+5Pt	
ワ (海藻類)	1マスあたり:片手のひら1/2	+5Pt	
ヤ (野菜)	1マスあたり:片手のひら分	+5Pt	
サ (魚・肉・卵)	1マスあたり:片手のひら分	+15Pt	
シ (きのこ類)	1マスあたり:片手のひら1/2	+5Pt	
イ (いも類)	1マスあたり:片手のひら1/2	+5Pt	
ごはん	2膳以下なら±0Pt、 3膳以上は-10Pt	-10Pt	
糖類	パン、パスタ、菓子、ジュース等 食べたら-10Pt	-10Pt	
揚げ物	唐揚げやフライなど 食べたら-30Pt	-30Pt	
運動	19ページの表を参照	+5Pt	

TOTAL

/100

6th WEEK

DAY 38

DATA

体　重： . kg

体脂肪率： . %

内臓脂肪：

[　]

BREAKFAST　　　　　　　　　　　**LUNCH**

SNACK & ALCOHOL　　　　　**SPORT & ACTIVITY**

MEMO

DINNER

今日、努力したこと

SCORE

	量	1マスあたりの ポイント	今日の ポイント
マ (豆類)	◯◯◯ 1マスあたり:片手のひら1/2	+5Pt	
ゴ (ゴマ・ ナッツ類)	◯ 1マスあたり: 小さじ1(ペットボトルのふた)	+5Pt	
ワ (海藻類)	◯◯ 1マスあたり:片手のひら1/2	+5Pt	
ヤ (野菜)	◯◯◯ 1マスあたり:片手のひら分	+5Pt	
サ (魚・肉・卵)	◯◯ 1マスあたり:片手のひら分	+15Pt	
シ (きのこ類)	◯◯ 1マスあたり:片手のひら1/2	+5Pt	
イ (いも類)	◯ 1マスあたり:片手のひら1/2	+5Pt	
ごはん	◯◯◯ 2膳以下なら±0Pt、 3膳以上は-10Pt	-10Pt	
糖類	◯ パン、パスタ、菓子、ジュース等 食べたら-10Pt	-10Pt	
揚げ物	◯ 唐揚げやフライなど 食べたら-30Pt	-30Pt	
運動	◯◯ 19ページの表を参照	+5Pt	

TOTAL

/100

DAY 39

DATA

体　　重：　　．　　kg

体脂肪率：　　．　　％

内臓脂肪：

[　　　]

BREAKFAST

LUNCH

SNACK & ALCOHOL

SPORT & ACTIVITY

MEMO

DINNER

今日、努力したこと

SCORE

		量	1マスあたりの ポイント	今日の ポイント
マ (豆類)	◯ ◯ ◯	1マスあたり:片手のひら1/2	+5Pt	
ゴ (ゴマ・ ナッツ類)	◯	1マスあたり: 小さじ1(ペットボトルのふた)	+5Pt	
ワ (海藻類)	◯ ◯ ◯	1マスあたり:片手のひら1/2	+5Pt	
ヤ (野菜)	◯ ◯ ◯	1マスあたり:片手のひら分	+5Pt	
サ (魚・肉・卵)	◯ ◯	1マスあたり:片手のひら分	+15Pt	
シ (きのこ類)	◯ ◯	1マスあたり:片手のひら1/2	+5Pt	
イ (いも類)	◯	1マスあたり:片手のひら1/2	+5Pt	
ごはん	◯ ◯ ◯	2膳以下なら±0Pt、 3膳以上は−10Pt	−10Pt	
糖類	◯	パン、パスタ、菓子、ジュース等 食べたら−10Pt	−10Pt	
揚げ物	◯	唐揚げやフライなど 食べたら−30Pt	−30Pt	
運動	◯ ◯	19ページの表を参照	+5Pt	

TOTAL

/100

6th WEEK

DAY 40

DATA

体　重： . kg

体脂肪率： . %

内臓脂肪：

[　]

BREAKFAST

LUNCH

SNACK & ALCOHOL

SPORT & ACTIVITY

MEMO

DINNER

今日、努力したこと

SCORE

		量	1マスあたりの ポイント	今日の ポイント
マ	(豆類)	◯◯◯ 1マスあたり:片手のひら1/2	+5Pt	
ゴ	(ゴマ・ナッツ類)	◯ 1マスあたり:小さじ1（ペットボトルのふた）	+5Pt	
ワ	(海藻類)	◯◯ 1マスあたり:片手のひら1/2	+5Pt	
ヤ	(野菜)	◯◯◯ 1マスあたり:片手のひら分	+5Pt	
サ	(魚・肉・卵)	◯◯ 1マスあたり:片手のひら分	+15Pt	
シ	(きのこ類)	◯◯ 1マスあたり:片手のひら1/2	+5Pt	
イ	(いも類)	◯ 1マスあたり:片手のひら1/2	+5Pt	
ごはん		◯◯◯ 2膳以下なら±0Pt、3膳以上は-10Pt	-10Pt	
糖類		◯ パン、パスタ、菓子、ジュース等食べたら-10Pt	-10Pt	
揚げ物		◯ 唐揚げやフライなど食べたら-30Pt	-30Pt	
運動		◯◯ 19ページの表を参照	+5Pt	

TOTAL

/100

6th WEEK

DAY 41

[   ]

DATA

体　重： .　　kg

体脂肪率： .　　%

内臓脂肪：

BREAKFAST | **LUNCH**

SNACK & ALCOHOL | **SPORT & ACTIVITY**

MEMO

DINNER

今日、努力したこと

SCORE

	量	1マスあたりの ポイント	今日の ポイント
マ (豆類)	◯ ◯ ◯ 1マスあたり:片手のひら1/2	+5Pt	
ゴ (ゴマ・ ナッツ類)	◯ 1マスあたり: 小さじ1(ペットボトルのふた)	+5Pt	
ワ (海藻類)	◯ ◯ ◯ 1マスあたり:片手のひら1/2	+5Pt	
ヤ (野菜)	◯ ◯ ◯ 1マスあたり:片手のひら分	+5Pt	
サ (魚・肉・卵)	◯ ◯ 1マスあたり:片手のひら分	+15Pt	
シ (きのこ類)	◯ ◯ 1マスあたり:片手のひら1/2	+5Pt	
イ (いも類)	◯ 1マスあたり:片手のひら1/2	+5Pt	
ごはん	◯ ◯ ◯ 2膳以下なら±0Pt、 3膳以上は-10Pt	-10Pt	
糖類	◯ パン、パスタ、菓子、ジュース等 食べたら-10Pt	-10Pt	
揚げ物	◯ 唐揚げやフライなど 食べたら-30Pt	-30Pt	
運動	◯ ◯ 19ページの表を参照	+5Pt	

TOTAL

6th WEEK

/100

DAY 42

[   ]

DATA

体　重： ． kg

体脂肪率： ． %

内臓脂肪：

BREAKFAST

LUNCH

SNACK & ALCOHOL

SPORT & ACTIVITY

MEMO

DINNER

今日、努力したこと

SCORE

		量	1マスあたりの ポイント	今日の ポイント
マ	(豆類)	☐☐☐ 1マスあたり:片手のひら1/2	+5Pt	
ゴ	(ゴマ・ナッツ類)	☐ 1マスあたり:小さじ1(ペットボトルのふた)	+5Pt	
ワ	(海藻類)	☐☐ 1マスあたり:片手のひら1/2	+5Pt	
ヤ	(野菜)	☐☐☐ 1マスあたり:片手のひら分	+5Pt	
サ	(魚・肉・卵)	☐☐ 1マスあたり:片手のひら分	+15Pt	
シ	(きのこ類)	☐☐ 1マスあたり:片手のひら1/2	+5Pt	
イ	(いも類)	☐ 1マスあたり:片手のひら1/2	+5Pt	
ごはん		☐☐▨ 2膳以下なら±0Pt、3膳以上は-10Pt	-10Pt	
糖類		☐ パン、パスタ、菓子、ジュース等食べたら-10Pt	-10Pt	
揚げ物		▨ 唐揚げやフライなど食べたら-30Pt	-30Pt	
運動		☐☐ 19ページの表を参照	+5Pt	

TOTAL

/100

6th WEEK

DAY 43

DATA

体　重： 　　.　　 kg

体脂肪率： 　　.　　 %

内臓脂肪：

[　　]

BREAKFAST | **LUNCH**

SNACK & ALCOHOL | **SPORT & ACTIVITY**

MEMO

DINNER

今日、努力したこと

SCORE

	量	1マスあたりの ポイント	今日の ポイント
マ (豆類)	◯◯◯ 1マスあたり:片手のひら1/2	+5Pt	
ゴ (ゴマ・ナッツ類)	◯ 1マスあたり: 小さじ1(ペットボトルのふた)	+5Pt	
ワ (海藻類)	◯◯◯ 1マスあたり:片手のひら1/2	+5Pt	
ヤ (野菜)	◯◯◯ 1マスあたり:片手のひら分	+5Pt	
サ (魚・肉・卵)	◯◯ 1マスあたり:片手のひら分	+15Pt	
シ (きのこ類)	◯◯◯ 1マスあたり:片手のひら1/2	+5Pt	
イ (いも類)	◯ 1マスあたり:片手のひら1/2	+5Pt	
ごはん	◯◯● 2膳以下なら±0Pt、 3膳以上は-10Pt	-10Pt	
糖類	◯ パン、パスタ、菓子、ジュース等 食べたら-10Pt	-10Pt	
揚げ物	● 唐揚げやフライなど 食べたら-30Pt	-30Pt	
運動	◯◯ 19ページの表を参照	+5Pt	

TOTAL

7th WEEK

/100

DAY 44

DATA

体　重： 　.　　kg
体脂肪率： 　.　　%
内臓脂肪：

[　　]

BREAKFAST　　　　　　　　　　**LUNCH**

SNACK & ALCOHOL　　　　　**SPORT & ACTIVITY**

MEMO

DINNER

SCORE

	量	1マスあたりの ポイント	今日の ポイント
マ (豆類)	◯◯◯ 1マスあたり:片手のひら1/2	+5Pt	
ゴ (ゴマ・ナッツ類)	◯ 1マスあたり:小さじ1(ペットボトルのふた)	+5Pt	
ワ (海藻類)	◯◯ 1マスあたり:片手のひら1/2	+5Pt	
ヤ (野菜)	◯◯◯ 1マスあたり:片手のひら分	+5Pt	
サ (魚・肉・卵)	◯◯ 1マスあたり:片手のひら分	+15Pt	
シ (きのこ類)	◯◯ 1マスあたり:片手のひら分	+5Pt	
イ (いも類)	◯ 1マスあたり:片手のひら1/2	+5Pt	
ごはん	◯◯◼ 2膳以下なら±0Pt、3膳以上は−10Pt	−10Pt	
糖類	◼ パン、パスタ、菓子、ジュース等食べたら−10Pt	−10Pt	
揚げ物	◼ 唐揚げやフライなど食べたら−30Pt	−30Pt	
運動	◯◯ 19ページの表を参照	+5Pt	

今日、努力したこと

TOTAL

/100

DAY 45

DATA

体　　重： 　.　　kg

体脂肪率： 　.　　%

内臓脂肪：

[　　]

BREAKFAST

LUNCH

SNACK & ALCOHOL

SPORT & ACTIVITY

MEMO

DINNER

今日、努力したこと

SCORE

	量	1マスあたりのポイント	今日のポイント
マ (豆類)	◯◯◯ 1マスあたり:片手のひら1/2	+5Pt	
ゴ (ゴマ・ナッツ類)	◯ 1マスあたり:小さじ1 (ペットボトルのふた)	+5Pt	
ワ (海藻類)	◯◯ 1マスあたり:片手のひら1/2	+5Pt	
ヤ (野菜)	◯◯◯ 1マスあたり:片手のひら分	+5Pt	
サ (魚・肉・卵)	◯◯ 1マスあたり:片手のひら分	+15Pt	
シ (きのこ類)	◯◯ 1マスあたり:片手のひら1/2	+5Pt	
イ (いも類)	◯ 1マスあたり:片手のひら1/2	+5Pt	
ごはん	◯◯◯ 2膳以下なら±0Pt、3膳以上は-10Pt	-10Pt	
糖類	◯ パン、パスタ、菓子、ジュース等食べたら-10Pt	-10Pt	
揚げ物	◯ 唐揚げやフライなど食べたら-30Pt	-30Pt	
運動	◯◯ 19ページの表を参照	+5Pt	

TOTAL

/100

7th WEEK

DAY 46

DATA

体　重： 　　. 　　kg

体脂肪率： 　　. 　　%

内臓脂肪：

[　　]

BREAKFAST | **LUNCH**

SNACK & ALCOHOL | **SPORT & ACTIVITY**

MEMO

DINNER

今日、努力したこと

SCORE

	量	1マスあたりの ポイント	今日の ポイント
マ (豆類)	☐ ☐ ☐ 1マスあたり:片手のひら1/2	+5Pt	
ゴ (ゴマ・ ナッツ類)	☐ 1マスあたり: 小さじ1(ペットボトルのふた)	+5Pt	
ワ (海藻類)	☐ ☐ 1マスあたり:片手のひら1/2	+5Pt	
ヤ (野菜)	☐ ☐ ☐ 1マスあたり:片手のひら分	+5Pt	
サ (魚・肉・卵)	☐ ☐ 1マスあたり:片手のひら分	+15Pt	
シ (きのこ類)	☐ ☐ 1マスあたり:片手のひら1/2	+5Pt	
イ (いも類)	☐ 1マスあたり:片手のひら1/2	+5Pt	
ごはん	☐ ☐ ☐ 2膳以下なら±0Pt、 3膳以上は-10Pt	-10Pt	
糖類	☐ パン、パスタ、菓子、ジュース等 食べたら-10Pt	-10Pt	
揚げ物	☐ 唐揚げやフライなど 食べたら-30Pt	-30Pt	
運動	☐ ☐ 19ページの表を参照	+5Pt	

TOTAL

/100

7th WEEK

DAY 47

DATA

体　　重：　　　．　　　kg

体脂肪率：　　　．　　　%

内臓脂肪：

[　　]

BREAKFAST　　　　　　　　　**LUNCH**

SNACK & ALCOHOL　　　　**SPORT & ACTIVITY**

MEMO

DINNER	SCORE		
		量	1マスあたりのポイント	今日のポイント

		量	1マスあたりのポイント	今日のポイント
マ (豆類)	◯◯◯	1マスあたり:片手のひら1/2	+5Pt	
ゴ (ゴマ・ナッツ類)	◯	1マスあたり:小さじ1(ペットボトルのふた)	+5Pt	
ワ (海藻類)	◯◯	1マスあたり:片手のひら1/2	+5Pt	
ヤ (野菜)	◯◯◯	1マスあたり:片手のひら分	+5Pt	
サ (魚・肉・卵)	◯◯	1マスあたり:片手のひら分	+15Pt	
シ (きのこ類)	◯◯	1マスあたり:片手のひら1/2	+5Pt	
イ (いも類)	◯	1マスあたり:片手のひら1/2	+5Pt	
ごはん	◯◯◯	2膳以下なら±0Pt、3膳以上は-10Pt	-10Pt	
糖類	◯	パン、パスタ、菓子、ジュース等食べたら-10Pt	-10Pt	
揚げ物	◯	唐揚げやフライなど食べたら-30Pt	-30Pt	
運動	◯◯	19ページの表を参照	+5Pt	

今日、努力したこと

TOTAL

/100

7th WEEK

DAY 48

DATA

体　重：　　.　　kg

体脂肪率：　　.　　%

内臓脂肪：

[　　]

BREAKFAST | LUNCH

SNACK & ALCOHOL　　　SPORT & ACTIVITY

MEMO

DINNER

今日、努力したこと

SCORE

	量	1マスあたりのポイント	今日のポイント
マ (豆類)	◯◯◯ 1マスあたり:片手のひら1/2	+5Pt	
ゴ (ゴマ・ナッツ類)	◯ 1マスあたり:小さじ1(ペットボトルのふた)	+5Pt	
ワ (海藻類)	◯◯ 1マスあたり:片手のひら1/2	+5Pt	
ヤ (野菜)	◯◯◯ 1マスあたり:片手のひら分	+5Pt	
サ (魚・肉・卵)	◯◯ 1マスあたり:片手のひら分	+15Pt	
シ (きのこ類)	◯◯ 1マスあたり:片手のひら1/2	+5Pt	
イ (いも類)	◯ 1マスあたり:片手のひら1/2	+5Pt	
ごはん	◯◯◯ 2膳以下なら±0Pt、3膳以上は−10Pt	−10Pt	
糖類	◯ パン、パスタ、菓子、ジュース等食べたら−10Pt	−10Pt	
揚げ物	◯ 唐揚げやフライなど食べたら−30Pt	−30Pt	
運動	◯◯ 19ページの表を参照	+5Pt	

TOTAL

/100

7th WEEK

DAY 49

[   ]

DATA

体　重：　　　．　　kg

体脂肪率：　　．　　%

内臓脂肪：

BREAKFAST	LUNCH

SNACK & ALCOHOL　　　　SPORT & ACTIVITY

MEMO

DINNER

今日、努力したこと

SCORE

		量	1マスあたりの ポイント	今日の ポイント
	マ (豆類)	◯◯◯ 1マスあたり:片手のひら1/2	+5Pt	
	ゴ (ゴマ・ ナッツ類)	◯ 1マスあたり: 小さじ1(ペットボトルのふた)	+5Pt	
	ワ (海藻類)	◯◯ 1マスあたり:片手のひら1/2	+5Pt	
	ヤ (野菜)	◯◯◯ 1マスあたり:片手のひら分	+5Pt	
	サ (魚・肉・卵)	◯◯ 1マスあたり:片手のひら分	+15Pt	
	シ (きのこ類)	◯◯ 1マスあたり:片手のひら1/2	+5Pt	
	イ (いも類)	◯ 1マスあたり:片手のひら1/2	+5Pt	
	ごはん	◯◯● 2膳以下なら±0Pt、 3膳以上は-10Pt	-10Pt	
	糖類	● パン、パスタ、菓子、ジュース等 食べたら-10Pt	-10Pt	
	揚げ物	● 唐揚げやフライなど 食べたら-30Pt	-30Pt	
	運動	◯◯ 19ページの表を参照	+5Pt	

TOTAL

/100

7th WEEK

DAY 50

[   ]

DATA

体　重：　　.　　kg

体脂肪率：　　.　　%

内臓脂肪：

BREAKFAST

LUNCH

SNACK & ALCOHOL

SPORT & ACTIVITY

MEMO

DINNER

SCORE

	量	1マスあたりの ポイント	今日の ポイント
マ (豆類)	☐☐☐ 1マスあたり:片手のひら1/2	+5Pt	
ゴ (ゴマ・ ナッツ類)	☐ 1マスあたり: 小さじ1(ペットボトルのふた)	+5Pt	
ワ (海藻類)	☐☐ 1マスあたり:片手のひら1/2	+5Pt	
ヤ (野菜)	☐☐☐ 1マスあたり:片手のひら分	+5Pt	
サ (魚・肉・卵)	☐☐ 1マスあたり:片手のひら分	+15Pt	
シ (きのこ類)	☐☐ 1マスあたり:片手のひら分	+5Pt	
イ (いも類)	☐ 1マスあたり:片手のひら1/2	+5Pt	
ごはん	☐☐☐ 2膳以下なら±0Pt、 3膳以上は-10Pt	-10Pt	
糖類	☐ パン、パスタ、菓子、ジュース等 食べたら-10Pt	-10Pt	
揚げ物	☐ 唐揚げやフライなど 食べたら-30Pt	-30Pt	
運動	☐☐ 19ページの表を参照	+5Pt	

TOTAL

今日、努力したこと

/100

8th WEEK

DAY 51

DATA

体　重：　　.　　kg

体脂肪率：　　.　　%

内臓脂肪：

[　　]

BREAKFAST　　　　　　　　**LUNCH**

SNACK & ALCOHOL　　　　**SPORT & ACTIVITY**

MEMO

DINNER

SCORE

		量	1マスあたりの ポイント	今日の ポイント
マ (豆類)		◯◯◯ 1マスあたり:片手のひら1/2	+5Pt	
ゴ (ゴマ・ ナッツ類)		◯ 1マスあたり: 小さじ1(ペットボトルのふた)	+5Pt	
ワ (海藻類)		◯◯ 1マスあたり:片手のひら1/2	+5Pt	
ヤ (野菜)		◯◯◯ 1マスあたり:片手のひら分	+5Pt	
サ (魚・肉・卵)		◯◯ 1マスあたり:片手のひら分	+15Pt	
シ (きのこ類)		◯◯ 1マスあたり:片手のひら1/2	+5Pt	
イ (いも類)		◯ 1マスあたり:片手のひら1/2	+5Pt	
ごはん		◯◯● 2膳以下なら±0Pt、 3膳以上は-10Pt	-10Pt	
糖類		◯ パン、パスタ、菓子、ジュース等 食べたら-10Pt	-10Pt	
揚げ物		● 唐揚げやフライなど 食べたら-30Pt	-30Pt	
運動		◯◯ 19ページの表を参照	+5Pt	

今日、努力したこと

TOTAL

/100

DAY 52

DATA

体　重：　　　．　　kg

体脂肪率：　　　．　　%

内臓脂肪：

[　　]

BREAKFAST

LUNCH

SNACK & ALCOHOL

SPORT & ACTIVITY

MEMO

DINNER

今日、努力したこと

SCORE

	量	1マスあたりのポイント	今日のポイント
マ （豆類）	◯◯◯ 1マスあたり：片手のひら1/2	+5Pt	
ゴ （ゴマ・ナッツ類）	◯ 1マスあたり：小さじ1（ペットボトルのふた）	+5Pt	
ワ （海藻類）	◯◯ 1マスあたり：片手のひら1/2	+5Pt	
ヤ （野菜）	◯◯◯ 1マスあたり：片手のひら分	+5Pt	
サ （魚・肉・卵）	◯◯ 1マスあたり：片手のひら分	+15Pt	
シ （きのこ類）	◯◯ 1マスあたり：片手のひら分	+5Pt	
イ （いも類）	◯ 1マスあたり：片手のひら1/2	+5Pt	
ごはん	◯◯◯ 2膳以下なら±0Pt、3膳以上は-10Pt	-10Pt	
糖類	◯ パン、パスタ、菓子、ジュース等 食べたら-10Pt	-10Pt	
揚げ物	◯ 唐揚げやフライなど 食べたら-30Pt	-30Pt	
運動	◯◯ 19ページの表を参照	+5Pt	

TOTAL

/100

DAY 53

DATA

体　　重：	.	kg
体脂肪率：	.	%
内臓脂肪：		

[　]

BREAKFAST

LUNCH

SNACK & ALCOHOL

SPORT & ACTIVITY

MEMO

DINNER

SCORE

	量	1マスあたりの ポイント	今日の ポイント
マ (豆類)	◯◯◯ 1マスあたり:片手のひら1/2	+5Pt	
ゴ (ゴマ・ ナッツ類)	◯◯ 1マスあたり: 小さじ1(ペットボトルのふた)	+5Pt	
ワ (海藻類)	◯◯ 1マスあたり:片手のひら1/2	+5Pt	
ヤ (野菜)	◯◯◯ 1マスあたり:片手のひら分	+5Pt	
サ (魚・肉・卵)	◯◯ 1マスあたり:片手のひら分	+15Pt	
シ (きのこ類)	◯◯ 1マスあたり:片手のひら1/2	+5Pt	
イ (いも類)	◯ 1マスあたり:片手のひら1/2	+5Pt	
ごはん	◯◯◯ 2膳以下なら±0Pt、 3膳以上は-10Pt	-10Pt	
糖類	◯ パン、パスタ、菓子、ジュース等 食べたら-10Pt	-10Pt	
揚げ物	◯ 唐揚げやフライなど 食べたら-30Pt	-30Pt	
運動	◯◯ 19ページの表を参照	+5Pt	

今日、努力したこと

TOTAL

/100

DAY 54

DATA

体　　重： ___ . ___ kg

体脂肪率： ___ . ___ %

内臓脂肪： ___

[　　]

BREAKFAST | **LUNCH**

SNACK & ALCOHOL | **SPORT & ACTIVITY**

MEMO

DINNER

SCORE

		量	1マスあたりの ポイント	今日の ポイント
マ	(豆類)	◯◯◯ 1マスあたり:片手のひら1/2	+5Pt	
ゴ	(ゴマ・ナッツ類)	◯ 1マスあたり:小さじ1(ペットボトルのふた)	+5Pt	
ワ	(海藻類)	◯◯ 1マスあたり:片手のひら1/2	+5Pt	
ヤ	(野菜)	◯◯◯ 1マスあたり:片手のひら分	+5Pt	
サ	(魚・肉・卵)	◯◯ 1マスあたり:片手のひら分	+15Pt	
シ	(きのこ類)	◯◯ 1マスあたり:片手のひら1/2	+5Pt	
イ	(いも類)	◯ 1マスあたり:片手のひら1/2	+5Pt	
ごはん		◯◯◯ 2膳以下なら±0Pt、3膳以上は-10Pt	-10Pt	
糖類		◯ パン、パスタ、菓子、ジュース等 食べたら-10Pt	-10Pt	
揚げ物		◯ 唐揚げやフライなど 食べたら-30Pt	-30Pt	
運動		◯◯ 19ページの表を参照	+5Pt	

今日、努力したこと

TOTAL

/100

8th WEEK

DAY 55

[   ]

DATA

体　重：　.　　kg

体脂肪率：　.　　%

内臓脂肪：

BREAKFAST	LUNCH

SNACK & ALCOHOL	SPORT & ACTIVITY

MEMO

DINNER

今日、努力したこと

SCORE

		量	1マスあたりの ポイント	今日の ポイント
マ (豆類)	◯◯◯	1マスあたり:片手のひら1/2	+5Pt	
ゴ (ゴマ・ ナッツ類)	◯	1マスあたり: 小さじ1 (ペットボトルのふた)	+5Pt	
ワ (海藻類)	◯◯	1マスあたり:片手のひら1/2	+5Pt	
ヤ (野菜)	◯◯◯	1マスあたり:片手のひら分	+5Pt	
サ (魚・肉・卵)	◯◯	1マスあたり:片手のひら分	+15Pt	
シ (きのこ類)	◯◯	1マスあたり:片手のひら1/2	+5Pt	
イ (いも類)	◯	1マスあたり:片手のひら1/2	+5Pt	
ごはん	◯◯●	2膳以下なら±0Pt、 3膳以上は-10Pt	-10Pt	
糖類	◯	パン、パスタ、菓子、ジュース等 食べたら-10Pt	-10Pt	
揚げ物	●	唐揚げやフライなど 食べたら-30Pt	-30Pt	
運動	◯◯	19ページの表を参照	+5Pt	

TOTAL

/100

8th WEEK

DAY 56

DATA

体　　重：　　．　　kg

体脂肪率：　　．　　％

内臓脂肪：

[　　]

BREAKFAST　　　　　　　　**LUNCH**

SNACK & ALCOHOL　　　　**SPORT & ACTIVITY**

MEMO

DINNER

今日、努力したこと

SCORE

	量	1マスあたりの ポイント	今日の ポイント
マ (豆類)	◯◯◯ 1マスあたり:片手のひら1/2	+5Pt	
ゴ (ゴマ・ ナッツ類)	◯ 1マスあたり: 小さじ1(ペットボトルのふた)	+5Pt	
ワ (海藻類)	◯◯◯ 1マスあたり:片手のひら1/2	+5Pt	
ヤ (野菜)	◯◯◯ 1マスあたり:片手のひら分	+5Pt	
サ (魚・肉・卵)	◯◯ 1マスあたり:片手のひら分	+15Pt	
シ (きのこ類)	◯◯ 1マスあたり:片手のひら1/2	+5Pt	
イ (いも類)	◯ 1マスあたり:片手のひら1/2	+5Pt	
ごはん	◯◯◯ 2膳以下なら±0Pt、 3膳以上は−10Pt	−10Pt	
糖類	◯ パン、パスタ、菓子、ジュース等 食べたら−10Pt	−10Pt	
揚げ物	◯ 唐揚げやフライなど 食べたら−30Pt	−30Pt	
運動	◯◯ 19ページの表を参照	+5Pt	

TOTAL

/100

8th WEEK

DAY 57

DATA

体　　重： 　.　 kg

体脂肪率： 　.　 %

内臓脂肪：

[　]

BREAKFAST

LUNCH

SNACK & ALCOHOL

SPORT & ACTIVITY

MEMO

DINNER

今日、努力したこと

SCORE

	量	1マスあたりの ポイント	今日の ポイント
マ (豆類)	◯◯◯ 1マスあたり:片手のひら1/2	+5Pt	
ゴ (ゴマ・ナッツ類)	◯ 1マスあたり: 小さじ1(ペットボトルのふた)	+5Pt	
ワ (海藻類)	◯◯ 1マスあたり:片手のひら1/2	+5Pt	
ヤ (野菜)	◯◯◯ 1マスあたり:片手のひら分	+5Pt	
サ (魚・肉・卵)	◯◯ 1マスあたり:片手のひら分	+15Pt	
シ (きのこ類)	◯◯ 1マスあたり:片手のひら1/2	+5Pt	
イ (いも類)	◯ 1マスあたり:片手のひら1/2	+5Pt	
ごはん	◯◯◯ 2膳以下なら±0Pt、 3膳以上は-10Pt	-10Pt	
糖類	◯ パン、パスタ、菓子、ジュース等 食べたら-10Pt	-10Pt	
揚げ物	◯ 唐揚げやフライなど 食べたら-30Pt	-30Pt	
運動	◯◯ 19ページの表を参照	+5Pt	

TOTAL

9th WEEK

/100

DAY 58		
	DATA	
	体　重：	．　　kg
	体脂肪率：	．　　%
[　　]	内臓脂肪：	

BREAKFAST	LUNCH

SNACK & ALCOHOL	SPORT & ACTIVITY

MEMO

DINNER

今日、努力したこと

SCORE

	量	1マスあたりのポイント	今日のポイント
マ (豆類)	◯◯◯ 1マスあたり:片手のひら1/2	+5Pt	
ゴ (ゴマ・ナッツ類)	◯ 1マスあたり:小さじ1(ペットボトルのふた)	+5Pt	
ワ (海藻類)	◯◯ 1マスあたり:片手のひら1/2	+5Pt	
ヤ (野菜)	◯◯◯ 1マスあたり:片手のひら分	+5Pt	
サ (魚・肉・卵)	◯◯ 1マスあたり:片手のひら分	+15Pt	
シ (きのこ類)	◯◯ 1マスあたり:片手のひら1/2	+5Pt	
イ (いも類)	◯ 1マスあたり:片手のひら1/2	+5Pt	
ごはん	◯◯◯ 2膳以下なら±0Pt、3膳以上は-10Pt	-10Pt	
糖類	◯ パン、パスタ、菓子、ジュース等 食べたら-10Pt	-10Pt	
揚げ物	◯ 唐揚げやフライなど 食べたら-30Pt	-30Pt	
運動	◯◯ 19ページの表を参照	+5Pt	

TOTAL

/100

9th WEEK

DAY 59

DATA

体　重： 　　　．　　kg

体脂肪率： 　　．　　％

内臓脂肪：

[　　]

BREAKFAST　　　　　　　　　　　**LUNCH**

SNACK & ALCOHOL　　　　　**SPORT & ACTIVITY**

MEMO

DINNER

SCORE

	量	1マスあたりの ポイント	今日の ポイント
マ (豆類)	◯◯◯ 1マスあたり:片手のひら1/2	+5Pt	
ゴ (ゴマ・ナッツ類)	◯ 1マスあたり:小さじ1(ペットボトルのふた)	+5Pt	
ワ (海藻類)	◯◯ 1マスあたり:片手のひら1/2	+5Pt	
ヤ (野菜)	◯◯◯ 1マスあたり:片手のひら分	+5Pt	
サ (魚・肉・卵)	◯◯ 1マスあたり:片手のひら分	+15Pt	
シ (きのこ類)	◯◯ 1マスあたり:片手のひら1/2	+5Pt	
イ (いも類)	◯ 1マスあたり:片手のひら1/2	+5Pt	
ごはん	◯◯◯ 2膳以下なら±0Pt、3膳以上は-10Pt	-10Pt	
糖類	◯ パン、パスタ、菓子、ジュース等 食べたら-10Pt	-10Pt	
揚げ物	◯ 唐揚げやフライなど 食べたら-30Pt	-30Pt	
運動	◯◯ 19ページの表を参照	+5Pt	

今日、努力したこと

TOTAL

/100

9th WEEK

DAY 60

DATA

体　　重： . kg

体脂肪率： . %

内臓脂肪：

[　　]

BREAKFAST

LUNCH

SNACK & ALCOHOL

SPORT & ACTIVITY

MEMO

DINNER

今日、努力したこと

SCORE

	量	1マスあたりの ポイント	今日の ポイント
マ (豆類)	☐☐☐ 1マスあたり:片手のひら1/2	+5Pt	
ゴ (ゴマ・ナッツ類)	☐ 1マスあたり: 小さじ1（ペットボトルのふた）	+5Pt	
ワ (海藻類)	☐☐ 1マスあたり:片手のひら1/2	+5Pt	
ヤ (野菜)	☐☐ 1マスあたり:片手のひら分	+5Pt	
サ (魚・肉・卵)	☐☐ 1マスあたり:片手のひら分	+15Pt	
シ (きのこ類)	☐☐ 1マスあたり:片手のひら1/2	+5Pt	
イ (いも類)	☐ 1マスあたり:片手のひら1/2	+5Pt	
ごはん	☐☐☐ 2膳以下なら±0Pt、3膳以上は-10Pt	-10Pt	
糖類	☐ パン、パスタ、菓子、ジュース等 食べたら-10Pt	-10Pt	
揚げ物	☐ 唐揚げやフライなど 食べたら-30Pt	-30Pt	
運動	☐☐ 19ページの表を参照	+5Pt	

TOTAL

/100

9th WEEK

DAY 61

[   ]

DATA

体　重：　　　．　　kg

体脂肪率：　　　．　　％

内臓脂肪：

BREAKFAST | **LUNCH**

SNACK & ALCOHOL | **SPORT & ACTIVITY**

MEMO

DINNER

今日、努力したこと

SCORE

		量	1マスあたりの ポイント	今日の ポイント
マ (豆類)		1マスあたり:片手のひら1/2	+5Pt	
ゴ (ゴマ・ ナッツ類)		1マスあたり: 小さじ1(ペットボトルのふた)	+5Pt	
ワ (海藻類)		1マスあたり:片手のひら1/2	+5Pt	
ヤ (野菜)		1マスあたり:片手のひら分	+5Pt	
サ (魚・肉・卵)		1マスあたり:片手のひら分	+15Pt	
シ (きのこ類)		1マスあたり:片手のひら1/2	+5Pt	
イ (いも類)		1マスあたり:片手のひら1/2	+5Pt	
ごはん		2膳以下なら±0Pt、 3膳以上は-10Pt	-10Pt	
糖類		パン、パスタ、菓子、ジュース等 食べたら-10Pt	-10Pt	
揚げ物		唐揚げやフライなど 食べたら-30Pt	-30Pt	
運動		19ページの表を参照	+5Pt	

TOTAL

/100

9th WEEK

DAY 62

DATA

体　重： 　.　 kg
体脂肪率： 　.　 %
内臓脂肪：

[　　]

BREAKFAST | **LUNCH**

SNACK & ALCOHOL | **SPORT & ACTIVITY**

MEMO

DINNER

今日、努力したこと

SCORE

	量	1マスあたりの ポイント	今日の ポイント
マ （豆類）	☐☐☐ 1マスあたり:片手のひら1/2	+5Pt	
ゴ （ゴマ・ ナッツ類）	☐ 1マスあたり: 小さじ1（ペットボトルのふた）	+5Pt	
ワ （海藻類）	☐☐ 1マスあたり:片手のひら1/2	+5Pt	
ヤ （野菜）	☐☐☐ 1マスあたり:片手のひら分	+5Pt	
サ （魚・肉・卵）	☐☐ 1マスあたり:片手のひら分	+15Pt	
シ （きのこ類）	☐☐ 1マスあたり:片手のひら1/2	+5Pt	
イ （いも類）	☐ 1マスあたり:片手のひら1/2	+5Pt	
ごはん	☐☐▨ 2膳以下なら±0Pt、 3膳以上は-10Pt	-10Pt	
糖類	パン、パスタ、菓子、ジュース等 食べたら-10Pt	-10Pt	
揚げ物	▨ 唐揚げやフライなど 食べたら-30Pt	-30Pt	
運動	☐☐ 19ページの表を参照	+5Pt	

TOTAL

/100

DAY 63

DATA

体　重： 　.　　kg

体脂肪率： 　.　　%

内臓脂肪：

[　　　]

BREAKFAST

LUNCH

SNACK & ALCOHOL

SPORT & ACTIVITY

MEMO

DINNER	SCORE		
	量	1マスあたりの ポイント	今日の ポイント
	マ (豆類) 〇〇〇 1マスあたり:片手のひら1/2	+5Pt	
	ゴ (ゴマ・ナッツ類) 〇 1マスあたり:小さじ1(ペットボトルのふた)	+5Pt	
	ワ (海藻類) 〇〇〇 1マスあたり:片手のひら1/2	+5Pt	
	ヤ (野菜) 〇〇〇 1マスあたり:片手のひら分	+5Pt	
	サ (魚・肉・卵) 〇〇 1マスあたり:片手のひら分	+15Pt	
	シ (きのこ類) 〇〇 1マスあたり:片手のひら1/2	+5Pt	
	イ (いも類) 〇 1マスあたり:片手のひら1/2	+5Pt	
	ごはん 〇〇● 2膳以下なら±0Pt、3膳以上は-10Pt	-10Pt	
	糖類 ● パン、パスタ、菓子、ジュース等 食べたら-10Pt	-10Pt	
	揚げ物 ● 唐揚げやフライなど 食べたら-30Pt	-30Pt	
今日、努力したこと	運動 〇〇 19ページの表を参照	+5Pt	
	TOTAL		/100

9th WEEK

DAY 64

DATA

体　重： 　.　 kg

体脂肪率： 　.　 %

内臓脂肪：

[　]

| BREAKFAST | LUNCH |

SNACK & ALCOHOL　　　　SPORT & ACTIVITY

MEMO

DINNER

今日、努力したこと

SCORE

		量	1マスあたりのポイント	今日のポイント
マ	(豆類)	☐☐☐ 1マスあたり:片手のひら1/2	+5Pt	
ゴ	(ゴマ・ナッツ類)	☐ 1マスあたり:小さじ1(ペットボトルのふた)	+5Pt	
ワ	(海藻類)	☐☐ 1マスあたり:片手のひら1/2	+5Pt	
ヤ	(野菜)	☐☐ 1マスあたり:片手のひら分	+5Pt	
サ	(魚・肉・卵)	☐☐ 1マスあたり:片手のひら分	+15Pt	
シ	(きのこ類)	☐ 1マスあたり:片手のひら分	+5Pt	
イ	(いも類)	☐ 1マスあたり:片手のひら1/2	+5Pt	
ごはん		☐☐☐ 2膳以下なら±0Pt、3膳以上は-10Pt	-10Pt	
糖類		☐ パン、パスタ、菓子、ジュース等食べたら-10Pt	-10Pt	
揚げ物		☐ 唐揚げやフライなど食べたら-30Pt	-30Pt	
運動		☐☐ 19ページの表を参照	+5Pt	

TOTAL

/100

10th WEEK

DAY 65

DATA

体　重：　　.　　kg

体脂肪率：　　.　　％

内臓脂肪：

[　]

BREAKFAST　　　　　　　　**LUNCH**

SNACK & ALCOHOL　　　　　**SPORT & ACTIVITY**

MEMO

DINNER

今日、努力したこと

SCORE

	量	1マスあたりの ポイント	今日の ポイント
マ (豆類)	◯◯◯ 1マスあたり:片手のひら1/2	+5Pt	
ゴ (ゴマ・ナッツ類)	◯ 1マスあたり: 小さじ1(ペットボトルのふた)	+5Pt	
ワ (海藻類)	◯◯ 1マスあたり:片手のひら1/2	+5Pt	
ヤ (野菜)	◯◯◯ 1マスあたり:片手のひら分	+5Pt	
サ (魚・肉・卵)	◯◯ 1マスあたり:片手のひら分	+15Pt	
シ (きのこ類)	◯◯ 1マスあたり:片手のひら1/2	+5Pt	
イ (いも類)	◯ 1マスあたり:片手のひら1/2	+5Pt	
ごはん	◯◯◯ 2膳以下なら±0Pt、 3膳以上は-10Pt	-10Pt	
糖類	◯ パン、パスタ、菓子、ジュース等 食べたら-10Pt	-10Pt	
揚げ物	◯ 唐揚げやフライなど 食べたら-30Pt	-30Pt	
運動	◯◯ 19ページの表を参照	+5Pt	

TOTAL

/100

10th WEEK

DAY 66

DATA

体　　重： 　.　 kg

体脂肪率： 　.　 %

内臓脂肪：

[　]

BREAKFAST | **LUNCH**

SNACK & ALCOHOL | **SPORT & ACTIVITY**

MEMO

DINNER

SCORE

	量	1マスあたりの ポイント	今日の ポイント
マ (豆類)	☐☐☐ 1マスあたり:片手のひら1/2	+5Pt	
ゴ (ゴマ・ナッツ類)	☐ 1マスあたり:小さじ1(ペットボトルのふた)	+5Pt	
ワ (海藻類)	☐☐ 1マスあたり:片手のひら1/2	+5Pt	
ヤ (野菜)	☐☐☐ 1マスあたり:片手のひら分	+5Pt	
サ (魚・肉・卵)	☐☐ 1マスあたり:片手のひら分	+15Pt	
シ (きのこ類)	☐☐ 1マスあたり:片手のひら1/2	+5Pt	
イ (いも類)	☐ 1マスあたり:片手のひら1/2	+5Pt	
ごはん	☐☐☐ 2膳以下なら±0Pt、3膳以上は-10Pt	-10Pt	
糖類	☐ パン、パスタ、菓子、ジュース等食べたら-10Pt	-10Pt	
揚げ物	☐ 唐揚げやフライなど食べたら-30Pt	-30Pt	
運動	☐☐ 19ページの表を参照	+5Pt	

TOTAL

今日、努力したこと

10th WEEK

/100

DAY 67

DATA

体　　重：　　　．　　kg

体脂肪率：　　　．　　%

内臓脂肪：

[　　　]

BREAKFAST

LUNCH

SNACK & ALCOHOL

SPORT & ACTIVITY

MEMO

DINNER	SCORE			
		量	1マスあたりのポイント	今日のポイント
	マ (豆類)	◯◯◯ 1マスあたり:片手のひら1/2	+5Pt	
	ゴ (ゴマ・ナッツ類)	◯ 1マスあたり:小さじ1(ペットボトルのふた)	+5Pt	
	ワ (海藻類)	◯◯ 1マスあたり:片手のひら1/2	+5Pt	
	ヤ (野菜)	◯◯◯ 1マスあたり:片手のひら分	+5Pt	
	サ (魚・肉・卵)	◯◯ 1マスあたり:片手のひら分	+15Pt	
	シ (きのこ類)	◯◯ 1マスあたり:片手のひら分	+5Pt	
	イ (いも類)	◯ 1マスあたり:片手のひら1/2	+5Pt	
	ごはん	◯◯◯ 2膳以下なら±0Pt、3膳以上は-10Pt	-10Pt	
	糖類	◯ パン、パスタ、菓子、ジュース等食べたら-10Pt	-10Pt	
	揚げ物	◯ 唐揚げやフライなど食べたら-30Pt	-30Pt	
今日、努力したこと	運動	◯◯ 19ページの表を参照	+5Pt	

10th WEEK

TOTAL

/100

DAY 68

DATA

体　　重：　　　.　　kg

体脂肪率：　　　.　　％

内臓脂肪：

[　　]

BREAKFAST | **LUNCH**

SNACK & ALCOHOL | **SPORT & ACTIVITY**

MEMO

DINNER	SCORE		
		量	1マスあたりの ポイント	今日の ポイント
	マ (豆類)	◯◯◯ 1マスあたり:片手のひら1/2	+5Pt	
	ゴ (ゴマ・ ナッツ類)	◯ 1マスあたり: 小さじ1(ペットボトルのふた)	+5Pt	
	ワ (海藻類)	◯◯ 1マスあたり:片手のひら1/2	+5Pt	
	ヤ (野菜)	◯◯◯ 1マスあたり:片手のひら分	+5Pt	
	サ (魚・肉・卵)	◯◯ 1マスあたり:片手のひら分	+15Pt	
	シ (きのこ類)	◯◯ 1マスあたり:片手のひら1/2	+5Pt	
	イ (いも類)	◯ 1マスあたり:片手のひら1/2	+5Pt	
	ごはん	◯◯● 2膳以下なら±0Pt、 3膳以上は-10Pt	-10Pt	
	糖類	● パン、パスタ、菓子、ジュース等 食べたら-10Pt	-10Pt	
	揚げ物	● 唐揚げやフライなど 食べたら-30Pt	-30Pt	
今日、努力したこと	**運動**	◯◯ 19ページの表を参照	+5Pt	
	TOTAL			/100

10th WEEK

DAY 69

DATA

体　重： 　　．　　kg

体脂肪率： 　　．　　%

内臓脂肪：

[　　]

BREAKFAST	LUNCH

SNACK & ALCOHOL　　　　SPORT & ACTIVITY

MEMO

DINNER

SCORE

		量	1マスあたりの ポイント	今日の ポイント
マ	(豆類)	1マスあたり:片手のひら1/2	+5Pt	
ゴ	(ゴマ・ナッツ類)	1マスあたり:小さじ1(ペットボトルのふた)	+5Pt	
ワ	(海藻類)	1マスあたり:片手のひら1/2	+5Pt	
ヤ	(野菜)	1マスあたり:片手のひら分	+5Pt	
サ	(魚・肉・卵)	1マスあたり:片手のひら分	+15Pt	
シ	(きのこ類)	1マスあたり:片手のひら1/2	+5Pt	
イ	(いも類)	1マスあたり:片手のひら1/2	+5Pt	
ごはん		2膳以下なら±0Pt、3膳以上は-10Pt	-10Pt	
糖類		パン、パスタ、菓子、ジュース等 食べたら-10Pt	-10Pt	
揚げ物		唐揚げやフライなど 食べたら-30Pt	-30Pt	
運動		19ページの表を参照	+5Pt	

今日、努力したこと

TOTAL

/100

10th WEEK

DAY 70

DATA

体　重： 　.　 kg

体脂肪率： 　.　 %

内臓脂肪：

[　]

BREAKFAST

LUNCH

SNACK & ALCOHOL

SPORT & ACTIVITY

MEMO

DINNER

今日、努力したこと

SCORE

	量	1マスあたりの ポイント	今日の ポイント
マ (豆類)	☐☐☐ 1マスあたり:片手のひら1/2	+5Pt	
ゴ (ゴマ・ナッツ類)	☐ 1マスあたり:小さじ1(ペットボトルのふた)	+5Pt	
ワ (海藻類)	☐☐ 1マスあたり:片手のひら1/2	+5Pt	
ヤ (野菜)	☐☐☐ 1マスあたり:片手のひら分	+5Pt	
サ (魚・肉・卵)	☐☐ 1マスあたり:片手のひら分	+15Pt	
シ (きのこ類)	☐☐ 1マスあたり:片手のひら1/2	+5Pt	
イ (いも類)	☐ 1マスあたり:片手のひら1/2	+5Pt	
ごはん	☐☐☐ 2膳以下なら±0Pt、3膳以上は-10Pt	-10Pt	
糖類	☐ パン、パスタ、菓子、ジュース等食べたら-10Pt	-10Pt	
揚げ物	☐ 唐揚げやフライなど食べたら-30Pt	-30Pt	
運動	☐☐ 19ページの表を参照	+5Pt	

TOTAL

/100

10th WEEK

DAY 71

DATA

体　　重：　　．　　kg

体脂肪率：　　．　　％

内臓脂肪：

[　　]

BREAKFAST

LUNCH

SNACK & ALCOHOL

SPORT & ACTIVITY

MEMO

DINNER

今日、努力したこと

SCORE

	量	1マスあたりの ポイント	今日の ポイント
マ (豆類)	◯◯◯ 1マスあたり:片手のひら1/2	+5Pt	
ゴ (ゴマ・ナッツ類)	◯ 1マスあたり: 小さじ1(ペットボトルのふた)	+5Pt	
ワ (海藻類)	◯◯ 1マスあたり:片手のひら1/2	+5Pt	
ヤ (野菜)	◯◯◯ 1マスあたり:片手のひら分	+5Pt	
サ (魚・肉・卵)	◯◯ 1マスあたり:片手のひら分	+15Pt	
シ (きのこ類)	◯◯ 1マスあたり:片手のひら1/2	+5Pt	
イ (いも類)	◯ 1マスあたり:片手のひら1/2	+5Pt	
ごはん	◯◯◯ 2膳以下なら±0Pt、3膳以上は-10Pt	-10Pt	
糖類	◯ パン、パスタ、菓子、ジュース等食べたら-10Pt	-10Pt	
揚げ物	◯ 唐揚げやフライなど食べたら-30Pt	-30Pt	
運動	◯◯ 19ページの表を参照	+5Pt	

TOTAL

/100

DAY 72

DATA

体　　重：　　　．　　　kg

体脂肪率：　　　．　　　%

内臓脂肪：

[　　]

BREAKFAST | **LUNCH**

SNACK & ALCOHOL | **SPORT & ACTIVITY**

MEMO

DINNER

今日、努力したこと

SCORE

	量	1マスあたりの ポイント	今日の ポイント
マ (豆類)	◯◯◯ 1マスあたり:片手のひら1/2	+5Pt	
ゴ (ゴマ・ ナッツ類)	◯ 1マスあたり: 小さじ1(ペットボトルのふた)	+5Pt	
ワ (海藻類)	◯◯ 1マスあたり:片手のひら1/2	+5Pt	
ヤ (野菜)	◯◯◯ 1マスあたり:片手のひら分	+5Pt	
サ (魚・肉・卵)	◯◯ 1マスあたり:片手のひら分	+15Pt	
シ (きのこ類)	◯◯ 1マスあたり:片手のひら分	+5Pt	
イ (いも類)	◯ 1マスあたり:片手のひら1/2	+5Pt	
ごはん	◯◯◯ 2膳以下なら±0Pt、 3膳以上は-10Pt	-10Pt	
糖類	◯ パン、パスタ、菓子、ジュース等 食べたら-10Pt	-10Pt	
揚げ物	◯ 唐揚げやフライなど 食べたら-30Pt	-30Pt	
運動	◯◯ 19ページの表を参照	+5Pt	

TOTAL

/100

DAY 73

DATA

体　　重： 　.　　kg

体脂肪率： 　.　　%

内臓脂肪：

[　　]

BREAKFAST	LUNCH

SNACK & ALCOHOL	SPORT & ACTIVITY

MEMO

DINNER	SCORE		
	量	1マスあたりの ポイント	今日の ポイント
	マ (豆類)　◯ ◯ ◯ 　　　　1マスあたり:片手のひら1/2	+5Pt	
	ゴ (ゴマ・ ナッツ類)　◯ 　　　　1マスあたり: 　　　　小さじ1(ペットボトルのふた)	+5Pt	
	ワ (海藻類)　◯ ◯ 　　　　1マスあたり:片手のひら1/2	+5Pt	
	ヤ (野菜)　◯ ◯ ◯ 　　　　1マスあたり:片手のひら分	+5Pt	
	サ (魚・肉・卵)　◯ ◯ 　　　　1マスあたり:片手のひら分	+15Pt	
	シ (きのこ類)　◯ ◯ 　　　　1マスあたり:片手のひら1/2	+5Pt	
	イ (いも類)　◯ 　　　　1マスあたり:片手のひら1/2	+5Pt	
	ごはん　◯ ◯ ◯ 　　　　2膳以下なら±0Pt、 　　　　3膳以上は-10Pt	-10Pt	
	糖類　◯ 　　　　パン、パスタ、菓子、ジュース等 　　　　食べたら-10Pt	-10Pt	
	揚げ物　◯ 　　　　唐揚げやフライなど 　　　　食べたら-30Pt	-30Pt	
今日、努力したこと	**運動**　◯ ◯ 　　　　19ページの表を参照	+5Pt	

TOTAL

/100

DAY 74

DATA

体　重： 　.　 kg

体脂肪率： 　.　 %

内臓脂肪：

[　]

BREAKFAST	LUNCH

SNACK & ALCOHOL　　　　　SPORT & ACTIVITY

MEMO

DINNER

SCORE

	量	1マスあたりの ポイント	今日の ポイント
マ (豆類)	◯◯◯ 1マスあたり:片手のひら1/2	+5Pt	
ゴ (ゴマ・ ナッツ類)	◯ 1マスあたり: 小さじ1(ペットボトルのふた)	+5Pt	
ワ (海藻類)	◯◯ 1マスあたり:片手のひら1/2	+5Pt	
ヤ (野菜)	◯◯◯ 1マスあたり:片手のひら分	+5Pt	
サ (魚・肉・卵)	◯◯ 1マスあたり:片手のひら分	+15Pt	
シ (きのこ類)	◯◯ 1マスあたり:片手のひら分	+5Pt	
イ (いも類)	◯ 1マスあたり:片手のひら1/2	+5Pt	
ごはん	◯◯◯ 2膳以下なら±0Pt、 3膳以上は-10Pt	-10Pt	
糖類	◯ パン、パスタ、菓子、ジュース等 食べたら-10Pt	-10Pt	
揚げ物	◯ 唐揚げやフライなど 食べたら-30Pt	-30Pt	
運動	◯◯ 19ページの表を参照	+5Pt	

TOTAL

今日、努力したこと

/100

11th WEEK

DAY 75

DATA

体　重： 　.　 kg

体脂肪率： 　.　 %

内臓脂肪：

[　]

BREAKFAST

LUNCH

SNACK & ALCOHOL

SPORT & ACTIVITY

MEMO

DINNER

今日、努力したこと

SCORE

	量	1マスあたりのポイント	今日のポイント
マ (豆類)	◯◯◯ 1マスあたり:片手のひら1/2	+5Pt	
ゴ (ゴマ・ナッツ類)	◯ 1マスあたり:小さじ1(ペットボトルのふた)	+5Pt	
ワ (海藻類)	◯◯ 1マスあたり:片手のひら1/2	+5Pt	
ヤ (野菜)	◯◯ 1マスあたり:片手のひら分	+5Pt	
サ (魚・肉・卵)	◯◯ 1マスあたり:片手のひら分	+15Pt	
シ (きのこ類)	◯◯ 1マスあたり:片手のひら1/2	+5Pt	
イ (いも類)	◯ 1マスあたり:片手のひら1/2	+5Pt	
ごはん	◯◯◯ 2膳以下なら±0Pt、3膳以上は-10Pt	-10Pt	
糖類	◯ パン、パスタ、菓子、ジュース等食べたら-10Pt	-10Pt	
揚げ物	◯ 唐揚げやフライなど食べたら-30Pt	-30Pt	
運動	◯◯ 19ページの表を参照	+5Pt	

TOTAL

/100

DAY 76		
	DATA	
	体　重：	. kg
	体脂肪率：	. %
[　　]	内臓脂肪：	

BREAKFAST　　　　　　　　　　**LUNCH**

SNACK & ALCOHOL　　　　　　　**SPORT & ACTIVITY**

MEMO

DINNER

今日、努力したこと

SCORE

		量	1マスあたりの ポイント	今日の ポイント
マ	(豆類)	☐☐☐ 1マスあたり:片手のひら1/2	+5Pt	
ゴ	(ゴマ・ナッツ類)	☐ 1マスあたり:小さじ1(ペットボトルのふた)	+5Pt	
ワ	(海藻類)	☐☐ 1マスあたり:片手のひら1/2	+5Pt	
ヤ	(野菜)	☐☐☐ 1マスあたり:片手のひら分	+5Pt	
サ	(魚・肉・卵)	☐☐ 1マスあたり:片手のひら分	+15Pt	
シ	(きのこ類)	☐☐ 1マスあたり:片手のひら1/2	+5Pt	
イ	(いも類)	☐ 1マスあたり:片手のひら1/2	+5Pt	
ごはん		☐☐☐ 2膳以下なら±0Pt、3膳以上は-10Pt	-10Pt	
糖類		☐ パン、パスタ、菓子、ジュース等 食べたら-10Pt	-10Pt	
揚げ物		☐ 唐揚げやフライなど 食べたら-30Pt	-30Pt	
運動		☐☐ 19ページの表を参照	+5Pt	

TOTAL

/100

11th WEEK

DAY 77

DATA

体　　重：　　　．　　　kg

体脂肪率：　　　．　　　%

内臓脂肪：

[　　]

BREAKFAST　　　　　　　　　**LUNCH**

SNACK & ALCOHOL　　　　　**SPORT & ACTIVITY**

MEMO

DINNER

今日、努力したこと

SCORE

		量	1マスあたりの ポイント	今日の ポイント
マ (豆類)	☐ ☐ ☐	1マスあたり:片手のひら1/2	+5Pt	
ゴ (ゴマ・ ナッツ類)	☐ ☐ ☐	1マスあたり: 小さじ1 (ペットボトルのふた)	+5Pt	
ワ (海藻類)	☐ ☐ ☐	1マスあたり:片手のひら1/2	+5Pt	
ヤ (野菜)	☐ ☐ ☐	1マスあたり:片手のひら分	+5Pt	
サ (魚・肉・卵)	☐ ☐	1マスあたり:片手のひら分	+15Pt	
シ (きのこ類)	☐ ☐	1マスあたり:片手のひら1/2	+5Pt	
イ (いも類)	☐	1マスあたり:片手のひら1/2	+5Pt	
ごはん	☐ ☐ ☐	2膳以下なら±0Pt、 3膳以上は-10Pt	-10Pt	
糖類	☐	パン、パスタ、菓子、ジュース等 食べたら-10Pt	-10Pt	
揚げ物	☐	唐揚げやフライなど 食べたら-30Pt	-30Pt	
運動	☐ ☐	19ページの表を参照	+5Pt	

TOTAL

/100

11th WEEK

DAY 78

DATA

体　　重： 　.　　kg

体脂肪率： 　.　　%

内臓脂肪：

[　　]

BREAKFAST

LUNCH

SNACK & ALCOHOL

SPORT & ACTIVITY

MEMO

DINNER

今日、努力したこと

SCORE

	量	1マスあたりの ポイント	今日の ポイント
マ (豆類)	☐☐☐ 1マスあたり:片手のひら1/2	+5Pt	
ゴ (ゴマ・ナッツ類)	☐ 1マスあたり:小さじ1(ペットボトルのふた)	+5Pt	
ワ (海藻類)	☐☐☐ 1マスあたり:片手のひら1/2	+5Pt	
ヤ (野菜)	☐☐☐ 1マスあたり:片手のひら分	+5Pt	
サ (魚・肉・卵)	☐☐ 1マスあたり:片手のひら分	+15Pt	
シ (きのこ類)	☐☐ 1マスあたり:片手のひら分	+5Pt	
イ (いも類)	☐ 1マスあたり:片手のひら1/2	+5Pt	
ごはん	☐☐☐ 2膳以下なら±0Pt、3膳以上は-10Pt	-10Pt	
糖類	パン、パスタ、菓子、ジュース等 食べたら-10Pt	-10Pt	
揚げ物	唐揚げやフライなど 食べたら-30Pt	-30Pt	
運動	☐ 19ページの表を参照	+5Pt	

TOTAL

/100

12th WEEK

DAY 79

DATA

体　　重：	.	kg
体脂肪率：	.	%
内臓脂肪：		

[　　]

BREAKFAST

LUNCH

SNACK & ALCOHOL

SPORT & ACTIVITY

MEMO

DINNER

今日、努力したこと

SCORE

	量	1マスあたりの ポイント	今日の ポイント
マ (豆類)	◯◯◯ 1マスあたり:片手のひら1/2	+5Pt	
ゴ (ゴマ・ナッツ類)	◯ 1マスあたり: 小さじ1(ペットボトルのふた)	+5Pt	
ワ (海藻類)	◯◯ 1マスあたり:片手のひら1/2	+5Pt	
ヤ (野菜)	◯◯◯ 1マスあたり:片手のひら分	+5Pt	
サ (魚・肉・卵)	◯◯ 1マスあたり:片手のひら分	+15Pt	
シ (きのこ類)	◯◯ 1マスあたり:片手のひら1/2	+5Pt	
イ (いも類)	◯ 1マスあたり:片手のひら1/2	+5Pt	
ごはん	◯◯◯ 2膳以下なら±0Pt、 3膳以上は-10Pt	-10Pt	
糖類	◯ パン、パスタ、菓子、ジュース等 食べたら-10Pt	-10Pt	
揚げ物	◯ 唐揚げやフライなど 食べたら-30Pt	-30Pt	
運動	◯◯ 19ページの表を参照	+5Pt	

TOTAL

/100

12th WEEK

DAY 80

DATA

体　重： . kg

体脂肪率： . %

内臓脂肪：

[　]

BREAKFAST	LUNCH

SNACK & ALCOHOL	SPORT & ACTIVITY

MEMO

DINNER

今日、努力したこと

SCORE

		量	1マスあたりの ポイント	今日の ポイント
マ	(豆類)	☐☐☐ 1マスあたり:片手のひら1/2	+5Pt	
ゴ	(ゴマ・ナッツ類)	☐ 1マスあたり: 小さじ1 (ペットボトルのふた)	+5Pt	
ワ	(海藻類)	☐☐ 1マスあたり:片手のひら1/2	+5Pt	
ヤ	(野菜)	☐☐☐ 1マスあたり:片手のひら分	+5Pt	
サ	(魚・肉・卵)	☐☐ 1マスあたり:片手のひら分	+15Pt	
シ	(きのこ類)	☐☐ 1マスあたり:片手のひら1/2	+5Pt	
イ	(いも類)	☐ 1マスあたり:片手のひら1/2	+5Pt	
ごはん		☐☐▨ 2膳以下なら±0Pt、3膳以上は-10Pt	-10Pt	
糖類		▨ パン、パスタ、菓子、ジュース等食べたら-10Pt	-10Pt	
揚げ物		▨ 唐揚げやフライなど食べたら-30Pt	-30Pt	
運動		☐☐ 19ページの表を参照	+5Pt	

TOTAL

/100

12th WEEK

DAY 81

[   ]

DATA

体　　重： 　.　　kg

体脂肪率： 　.　　%

内臓脂肪：

BREAKFAST

LUNCH

SNACK & ALCOHOL

SPORT & ACTIVITY

MEMO

DINNER

今日、努力したこと

SCORE

	量	1マスあたりのポイント	今日のポイント
マ (豆類)	☐☐☐ 1マスあたり:片手のひら1/2	+5Pt	
ゴ (ゴマ・ナッツ類)	☐ 1マスあたり: 小さじ1(ペットボトルのふた)	+5Pt	
ワ (海藻類)	☐☐☐ 1マスあたり:片手のひら1/2	+5Pt	
ヤ (野菜)	☐☐☐ 1マスあたり:片手のひら分	+5Pt	
サ (魚・肉・卵)	☐☐ 1マスあたり:片手のひら分	+15Pt	
シ (きのこ類)	☐☐ 1マスあたり:片手のひら1/2	+5Pt	
イ (いも類)	☐ 1マスあたり:片手のひら1/2	+5Pt	
ごはん	☐☐☐ 2膳以下なら±0Pt、3膳以上は-10Pt	-10Pt	
糖類	☐ パン、パスタ、菓子、ジュース等 食べたら-10Pt	-10Pt	
揚げ物	☐ 唐揚げやフライなど 食べたら-30Pt	-30Pt	
運動	☐☐ 19ページの表を参照	+5Pt	

TOTAL

/100

12th WEEK

DAY 82

[   ]

DATA

体　重： 　.　 kg

体脂肪率： 　.　 %

内臓脂肪：

BREAKFAST　　　　　　　　　**LUNCH**

SNACK & ALCOHOL　　　　**SPORT & ACTIVITY**

MEMO

| DINNER | SCORE |

		量	1マスあたりの ポイント	今日の ポイント
	マ (豆類)	◯◯◯ 1マスあたり:片手のひら1/2	+5Pt	
	ゴ (ゴマ・ ナッツ類)	◯ 1マスあたり: 小さじ1(ペットボトルのふた)	+5Pt	
	ワ (海藻類)	◯◯ 1マスあたり:片手のひら1/2	+5Pt	
	ヤ (野菜)	◯◯◯ 1マスあたり:片手のひら分	+5Pt	
	サ (魚・肉・卵)	◯◯ 1マスあたり:片手のひら分	+15Pt	
	シ (きのこ類)	◯◯ 1マスあたり:片手のひら1/2	+5Pt	
	イ (いも類)	◯ 1マスあたり:片手のひら1/2	+5Pt	
	ごはん	◯◯◯ 2膳以下なら±0Pt、 3膳以上は-10Pt	-10Pt	
	糖類	◯ パン、パスタ、菓子、ジュース等 食べたら-10Pt	-10Pt	
	揚げ物	◯ 唐揚げやフライなど 食べたら-30Pt	-30Pt	
今日、努力したこと	**運動**	◯◯ 19ページの表を参照	+5Pt	

TOTAL

/100

12th WEEK

DAY 83

DATA

体　　重： . kg

体脂肪率： . %

内臓脂肪：

[　]

BREAKFAST | **LUNCH**

SNACK & ALCOHOL | **SPORT & ACTIVITY**

MEMO

DINNER

SCORE

		量	1マスあたりの ポイント	今日の ポイント
マ	(豆類)	1マスあたり:片手のひら1/2	+5Pt	
ゴ	(ゴマ・ナッツ類)	1マスあたり:小さじ1(ペットボトルのふた)	+5Pt	
ワ	(海藻類)	1マスあたり:片手のひら1/2	+5Pt	
ヤ	(野菜)	1マスあたり:片手のひら分	+5Pt	
サ	(魚・肉・卵)	1マスあたり:片手のひら分	+15Pt	
シ	(きのこ類)	1マスあたり:片手のひら1/2	+5Pt	
イ	(いも類)	1マスあたり:片手のひら1/2	+5Pt	
ごはん		2膳以下なら±0Pt、3膳以上は-10Pt	-10Pt	
糖類		パン、パスタ、菓子、ジュース等食べたら-10Pt	-10Pt	
揚げ物		唐揚げやフライなど食べたら-30Pt	-30Pt	
運動		19ページの表を参照	+5Pt	

今日、努力したこと

TOTAL

/100

12th WEEK

DAY 84

DATA

体　　重： 　.　 kg

体脂肪率： 　.　 %

内臓脂肪：

[　　]

BREAKFAST

LUNCH

SNACK & ALCOHOL

SPORT & ACTIVITY

MEMO

DINNER

今日、努力したこと

SCORE

	量	1マスあたりの ポイント	今日の ポイント
マ (豆類)	◯◯◯ 1マスあたり:片手のひら1/2	+5Pt	
ゴ (ゴマ・ ナッツ類)	◯ 1マスあたり: 小さじ1(ペットボトルのふた)	+5Pt	
ワ (海藻類)	◯◯ 1マスあたり:片手のひら1/2	+5Pt	
ヤ (野菜)	◯◯ 1マスあたり:片手のひら分	+5Pt	
サ (魚・肉・卵)	◯◯ 1マスあたり:片手のひら分	+15Pt	
シ (きのこ類)	◯◯ 1マスあたり:片手のひら1/2	+5Pt	
イ (いも類)	◯ 1マスあたり:片手のひら1/2	+5Pt	
ごはん	◯◯● 2膳以下なら±0Pt、 3膳以上は-10Pt	-10Pt	
糖類	● パン、パスタ、菓子、ジュース等 食べたら-10Pt	-10Pt	
揚げ物	● 唐揚げやフライなど 食べたら-30Pt	-30Pt	
運動	◯◯ 19ページの表を参照	+5Pt	

TOTAL

/100

12th WEEK

DAY 85

DATA

体　　重：　　.　　kg

体脂肪率：　　.　　%

内臓脂肪：

[　　]

BREAKFAST

LUNCH

SNACK & ALCOHOL

SPORT & ACTIVITY

MEMO

DINNER

今日、努力したこと

SCORE

		量	1マスあたりの ポイント	今日の ポイント
マ (豆類)		1マスあたり:片手のひら1/2	+5Pt	
ゴ (ゴマ・ナッツ類)		1マスあたり: 小さじ1(ペットボトルのふた)	+5Pt	
ワ (海藻類)		1マスあたり:片手のひら1/2	+5Pt	
ヤ (野菜)		1マスあたり:片手のひら分	+5Pt	
サ (魚・肉・卵)		1マスあたり:片手のひら分	+15Pt	
シ (きのこ類)		1マスあたり:片手のひら1/2	+5Pt	
イ (いも類)		1マスあたり:片手のひら1/2	+5Pt	
ごはん		2膳以下なら±0Pt、 3膳以上は-10Pt	-10Pt	
糖類		パン、パスタ、菓子、ジュース等 食べたら-10Pt	-10Pt	
揚げ物		唐揚げやフライなど 食べたら-30Pt	-30Pt	
運動		19ページの表を参照	+5Pt	

TOTAL

/100

13th WEEK

DAY 86

DATA

体　重： 　　． 　　kg

体脂肪率： 　　． 　　%

内臓脂肪：

[　　]

BREAKFAST

LUNCH

SNACK & ALCOHOL

SPORT & ACTIVITY

MEMO

DINNER

今日、努力したこと

SCORE

	量	1マスあたりの ポイント	今日の ポイント
マ (豆類)	☐☐☐ 1マスあたり:片手のひら1/2	+5Pt	
ゴ (ゴマ・ ナッツ類)	☐ 1マスあたり: 小さじ1(ペットボトルのふた)	+5Pt	
ワ (海藻類)	☐☐ 1マスあたり:片手のひら1/2	+5Pt	
ヤ (野菜)	☐☐☐ 1マスあたり:片手のひら分	+5Pt	
サ (魚・肉・卵)	☐☐ 1マスあたり:片手のひら分	+15Pt	
シ (きのこ類)	☐☐ 1マスあたり:片手のひら1/2	+5Pt	
イ (いも類)	☐ 1マスあたり:片手のひら1/2	+5Pt	
ごはん	☐☐● 2膳以下なら±0Pt、 3膳以上は-10Pt	-10Pt	
糖類	☐ パン、パスタ、菓子、ジュース等 食べたら-10Pt	-10Pt	
揚げ物	☐ 唐揚げやフライなど 食べたら-30Pt	-30Pt	
運動	☐☐ 19ページの表を参照	+5Pt	

TOTAL

/100

13th WEEK

DAY 87

DATA

体　重： . kg

体脂肪率： . %

内臓脂肪：

[　]

BREAKFAST | LUNCH

SNACK & ALCOHOL | SPORT & ACTIVITY

MEMO

DINNER

今日、努力したこと

SCORE

	量	1マスあたりの ポイント	今日の ポイント
マ (豆類)	◯◯◯ 1マスあたり:片手のひら1/2	+5Pt	
ゴ (ゴマ・ ナッツ類)	◯ 1マスあたり: 小さじ1(ペットボトルのふた)	+5Pt	
ワ (海藻類)	◯◯ 1マスあたり:片手のひら1/2	+5Pt	
ヤ (野菜)	◯◯◯ 1マスあたり:片手のひら分	+5Pt	
サ (魚・肉・卵)	◯◯ 1マスあたり:片手のひら分	+15Pt	
シ (きのこ類)	◯◯ 1マスあたり:片手のひら1/2	+5Pt	
イ (いも類)	◯ 1マスあたり:片手のひら1/2	+5Pt	
ごはん	◯◯◯ 2膳以下なら±0Pt、 3膳以上は−10Pt	−10Pt	
糖類	◯ パン、パスタ、菓子、ジュース等 食べたら−10Pt	−10Pt	
揚げ物	◯ 唐揚げやフライなど 食べたら−30Pt	−30Pt	
運動	◯◯ 19ページの表を参照	+5Pt	

TOTAL

/100

DAY 88

[   ]

DATA

体　　重： 　.　　 kg

体脂肪率： 　.　　 %

内臓脂肪：

BREAKFAST　　　　　　　　　　**LUNCH**

SNACK & ALCOHOL　　　　**SPORT & ACTIVITY**

MEMO

DINNER

今日、努力したこと

SCORE

	量	1マスあたりの ポイント	今日の ポイント
マ (豆類)	◯◯◯ 1マスあたり:片手のひら1/2	+5Pt	
ゴ (ゴマ・ナッツ類)	◯ 1マスあたり: 小さじ1(ペットボトルのふた)	+5Pt	
ワ (海藻類)	◯◯◯ 1マスあたり:片手のひら1/2	+5Pt	
ヤ (野菜)	◯◯◯ 1マスあたり:片手のひら分	+5Pt	
サ (魚・肉・卵)	◯◯ 1マスあたり:片手のひら分	+15Pt	
シ (きのこ類)	◯◯ 1マスあたり:片手のひら1/2	+5Pt	
イ (いも類)	◯ 1マスあたり:片手のひら1/2	+5Pt	
ごはん	◯◯◯ 2膳以下なら±0Pt、 3膳以上は-10Pt	-10Pt	
糖類	◯ パン、パスタ、菓子、ジュース等 食べたら-10Pt	-10Pt	
揚げ物	◯ 唐揚げやフライなど 食べたら-30Pt	-30Pt	
運動	◯◯ 19ページの表を参照	+5Pt	

TOTAL

/100

13th WEEK

DAY 89

DATA

体　　重：　　．　　kg

体脂肪率：　　．　　％

内臓脂肪：

[　　]

BREAKFAST

LUNCH

SNACK & ALCOHOL

SPORT & ACTIVITY

MEMO

DINNER

今日、努力したこと

SCORE

	量	1マスあたりの ポイント	今日の ポイント
マ (豆類)	◯◯◯ 1マスあたり:片手のひら1/2	+5Pt	
ゴ (ゴマ・ ナッツ類)	◯ 1マスあたり: 小さじ1(ペットボトルのふた)	+5Pt	
ワ (海藻類)	◯◯ 1マスあたり:片手のひら1/2	+5Pt	
ヤ (野菜)	◯◯◯ 1マスあたり:片手のひら分	+5Pt	
サ (魚・肉・卵)	◯◯ 1マスあたり:片手のひら分	+15Pt	
シ (きのこ類)	◯◯ 1マスあたり:片手のひら1/2	+5Pt	
イ (いも類)	◯ 1マスあたり:片手のひら1/2	+5Pt	
ごはん	◯◯◯ 2膳以下なら±0Pt、 3膳以上は-10Pt	-10Pt	
糖類	◯ パン、パスタ、菓子、ジュース等 食べたら-10Pt	-10Pt	
揚げ物	◯ 唐揚げやフライなど 食べたら-30Pt	-30Pt	
運動	◯◯ 19ページの表を参照	+5Pt	

TOTAL

/100

DAY 90

DATA

体　重： 　.　　kg

体脂肪率： 　.　　%

内臓脂肪：

[　　]

BREAKFAST | **LUNCH**

SNACK & ALCOHOL | **SPORT & ACTIVITY**

MEMO

DINNER

今日、努力したこと

SCORE

		量	1マスあたりの ポイント	今日の ポイント
マ	(豆類)	☐☐☐ 1マスあたり:片手のひら1/2	+5Pt	
ゴ	(ゴマ・ナッツ類)	☐ 1マスあたり: 小さじ1(ペットボトルのふた)	+5Pt	
ワ	(海藻類)	☐☐ 1マスあたり:片手のひら1/2	+5Pt	
ヤ	(野菜)	☐☐☐ 1マスあたり:片手のひら分	+5Pt	
サ	(魚・肉・卵)	☐☐ 1マスあたり:片手のひら分	+15Pt	
シ	(きのこ類)	☐☐ 1マスあたり:片手のひら分	+5Pt	
イ	(いも類)	☐ 1マスあたり:片手のひら1/2	+5Pt	
ごはん		☐☐☐ 2膳以下なら±0Pt、3膳以上は-10Pt	-10Pt	
糖類		☐ パン、パスタ、菓子、ジュース等 食べたら-10Pt	-10Pt	
揚げ物		☐ 唐揚げやフライなど 食べたら-30Pt	-30Pt	
運動		☐☐ 19ページの表を参照	+5Pt	

TOTAL

/100

13th WEEK

DAY 91

[   ]

DATA

体　　重：　　.　　kg

体脂肪率：　　.　　%

内臓脂肪：

BREAKFAST	LUNCH

SNACK & ALCOHOL　　　　SPORT & ACTIVITY

MEMO

DINNER

今日、努力したこと

SCORE

	量	1マスあたりの ポイント	今日の ポイント
マ (豆類)	☐☐☐ 1マスあたり:片手のひら1/2	+5Pt	
ゴ (ゴマ・ ナッツ類)	☐ 1マスあたり: 小さじ1(ペットボトルのふた)	+5Pt	
ワ (海藻類)	☐☐ 1マスあたり:片手のひら1/2	+5Pt	
ヤ (野菜)	☐☐☐ 1マスあたり:片手のひら分	+5Pt	
サ (魚・肉・卵)	☐☐ 1マスあたり:片手のひら分	+15Pt	
シ (きのこ類)	☐☐ 1マスあたり:片手のひら1/2	+5Pt	
イ (いも類)	☐ 1マスあたり:片手のひら1/2	+5Pt	
ごはん	☐☐☐ 2膳以下なら±0Pt、 3膳以上は-10Pt	-10Pt	
糖類	☐ パン、パスタ、菓子、ジュース等 食べたら-10Pt	-10Pt	
揚げ物	☐ 唐揚げやフライなど 食べたら-30Pt	-30Pt	
運動	☐☐ 19ページの表を参照	+5Pt	

TOTAL

/100

91日後のあなた

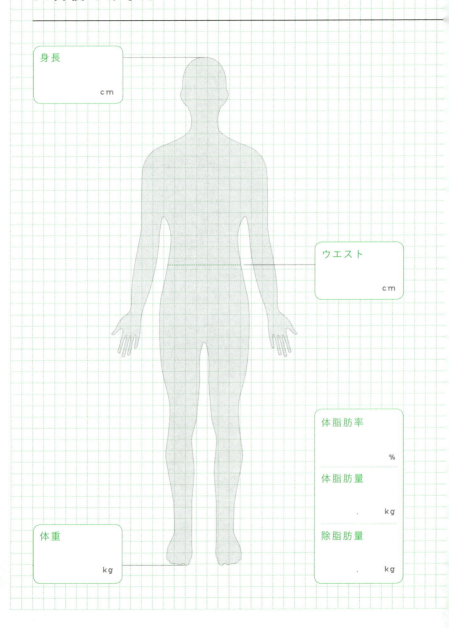

身長
cm

ウエスト
cm

体脂肪率
%

体脂肪量
kg

体重
kg

除脂肪量
kg

年齢　　　　　　　　才　　　　　　　性別　M　/　F

QUESTION
91日後のあなたの食生活は、どう変わりましたか？

欲しくなくなったもの、欲しくなったものなど、
味覚や嗜好に変化はありましたか？

この食生活を、一生維持するために必要なことは何だと思いますか？

TARGET
今後の目標を書いてください。

体重 & 体脂肪率推移グラフ

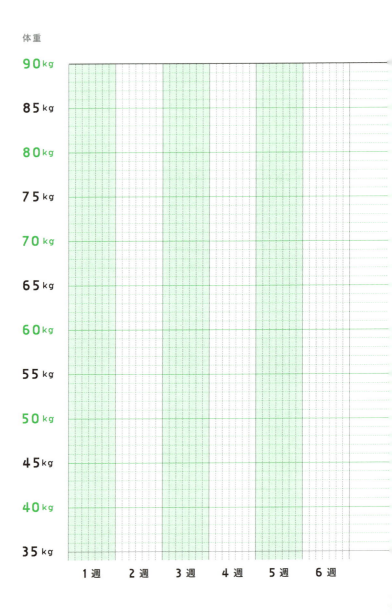

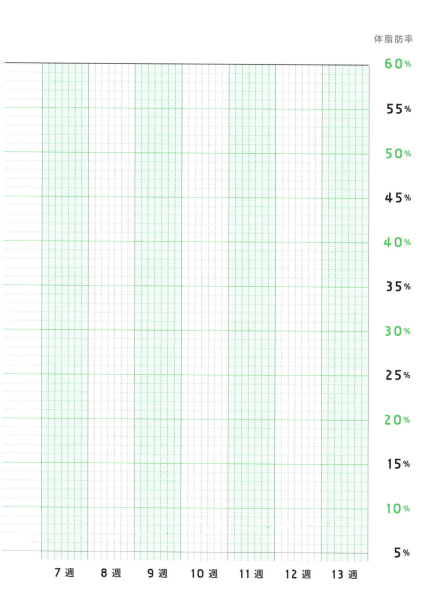

森拓郎 Mori Takuro

フィットネストレーナー、ピラティス指導者、整体師、美容矯正師。大手フィットネスクラブを経て、2009年、自身のスタジオ『rinato』(加圧トレーニング&ピラティス)を東京・恵比寿にオープンし、ボディメイクやダイエットを指導。ファッションモデルや女優などの著名人のクライアントも多く、その指導に定評がある。テレビ、雑誌など多くのメディアで注目されている。代表作である『運動指導者が断言！ ダイエットは運動1割、食事9割』(ディスカヴァー刊)は12万部を突破するベストセラーとなっている。

ダイエットは運動1割、食事9割
91日間 実践ノート

発行日　2015年5月20日　第1刷
　　　　2015年6月10日　第2刷

Author	森拓郎
Book Designer	轡田昭彦（カバー）・小林祐司（本文）
Publication	株式会社ディスカヴァー・トゥエンティワン
	〒102-0093　東京都千代田区平河町2-16-1 平河町森タワー11F
	TEL　03-3237-8321（代表）　FAX　03-3237-8323
	http://www.d21.co.jp
Publisher	干場弓子
Editor	石橋和佳（編集協力：アマルゴン）
Proofreader	株式会社T&K
Printing	日経印刷株式会社

・定価はカバーに表示してあります。本書の無断転載・複写は、著作権法上での例外を除き禁じられています。インターネット、モバイル等の電子メディアにおける無断転載ならびに第三者によるスキャンやデジタル化もこれに準じます。
・乱丁・落丁本はお取り替えいたしますので、小社「不良品交換係」まで着払いにてお送りください。

ISBN978-4-7993-1670-2
©Takuro Mori, 2015, Printed in Japan.